GEOGRAPHIE
DES ENFANS,
ou
METHODE ABREGÉE
DE
LA GEOGRAPHIE.

Divisée par Leçons ; avec la Liste des Cartes necessaires aux Enfans.

Par M. l'Abbé LENGLET DUFRESNOY.

A PARIS,

Quay des Augustins, du côté du Pont Saint Michel.

Chez { ROLLIN fils, à S. Athanase.
DE BURE l'aîné, à S. Paul.

M. DCC. XXXVI.

Avec Approbation & Privilege du Roy.

AVERTISSEMENT.

IL y a long-temps que l'on souhaite une Geographie pour les enfans. Toutes celles qui ont paru jusques-ici n'étoient point à leur portée, ou par leur trop d'étenduë, ou par l'ordre qu'on y avoit suivi, qui n'étoit pas proportionné à leur memoire. Souvent on les accabloit d'un détail où ils ne comprenoient rien, ou même l'on négligeoit de fixer leur imagination, qui s'écarte aisément.

Les enfans ont d'ordinaire plus de memoire que de jugement, il faut donc se servir de l'une pour leur inspirer l'autre. C'est ce que j'ai fait en sorte de pratiquer dans ce petit abregé. J'ai remarqué que la memoire des enfans est déterminée par une demande claire & succincte, qui leur fait souvent entrevoir la réponse. Mais j'ai dirigé l'une &

l'autre de maniere que la ſimplicité & la brieveté de la demande fait naître la lumiere, ſans les accabler par une longueur, qui les offuſque & leur fait perdre de vûe le point eſſentiel, dont on les veut inſtruire. Et j'ai tellement arrangé la réponſe, qu'elle eſt proportionnée à la memoire la plus foible, & pourra neanmoins ſatisfaire & nourrir ceux qui en ont plus que les autres. J'ai tenu le milieu entre trop de brieveté & trop d'étenduë.

J'oſe dire même que ce petit abregé ne ſeroit pas inutile à bien des perſonnes plus avancées en âge, qui ne manquant pas d'éducation, ignorent cependant les premiers élemens d'une ſcience neceſſaire, qui demande peu d'application, & qui dépend moins du jugement que des yeux & de la memoire. J'en ai particulierement remarqué la neceſſité dans ces derniers temps. Tout le monde parle de Guerre; & ceux qui dans les compagnies ſe mêlent d'en parler, ſans connoître la Carte, font voir leur négligence en un choſe auſſi facile. Que peut-on penſer d'un homme ou d'une femme, inſtruits d'ailleurs, lorſqu'on leurs entend demander ſi la Bretagne n'eſt point la route la plus droite pour ſe rendre en Pologne ?

Pour peu qu'on veüille s'inſtruire, on trouvera dans ce petit abregé ce qui eſt neceſſaire pour l'uſage ordinaire du monde ; je n'en excepte pas même les jeunes perſonnes du ſexe, qui pourront en moins de deux mois prendre des principes qu'il eſt quelquefois honteux de ne pas ſçavoir.

J'ai diſpoſé chaque Leçon de maniere que la memoire la moins ſûre peut l'apprendre en une demi-heure ou environ. J'ai évité les termes d'art ou ceux qui demandent quelque explication : j'ai répandu la clarté dans tout ce qui en étoit ſuſceptible.

Cet abregé n'eſt proprement que l'extrait de la *Methode pour étudier la Geographie*, que je fis paroître l'an 1716. en 4. volumes in-douze, & que je publie de nouveau avec des corrections, des changemens & des augmentations très conſiderables. Cette Methode ſert même de commentaire à ce petit abregé. L'un & l'autre ſont rangez dans le même ordre. Le jeune éleve n'a beſoin que de la *Geographie des enfans* : & le Maître la peut expliquer par le moyen de la Methode que je fais reimprimer chez les mêmes Libraires. Mais le Maître doit avoir l'attention de ne jamais faire repeter la leçon de Geographie, ſans montrer d'abord à ſon éleve, & ſans lui faire montrer enſuite ſur la Carte l'endroit qui fait le ſujet de la leçon du jour. C'eſt le ſeul moyen de fixer l'imagination des enfans.

J'ai donné dans la Methode pour étudier la Geographie des

Listes de Cartes fort amples & fort détaillées : mais qu'on ne s'imagine pas qu'il faille les parcourir ou les avoir toutes pour sçavoir la Geographie. Le Maître a de quoi choisir dans ces Listes : mais voici celles qui suffisent aux enfans pour bien entendre cette petite Geographie que je leur presente.

Liste des Cartes pour les enfans.

La Mappemonde en deux Hemispheres, par les sieurs SANSON, chez *Bernard Jaillot*, près les grands Augustins, en deux feüilles.

L'Europe, par les sieurs SANSON, chez le même, en deux feüilles.

L'Asie par les sieurs SANSON, chez le même, en deux feüilles, ou par Guillaume DE LISLE, en une feüille.

L'Afrique par les sieurs SANSON, chez le même, en deux feüilles.

L'Amerique septentrionale par

les ſieurs SANSON, chez le même, en deux feüilles.

L'Amerique méridionale par les ſieurs SANSON, chez le même, en deux feüilles.

La France diviſée par Generalitez, chez le même, en deux feüilles.

Chaque Nation peut y joindre la Carte de ſon pays, qu'il eſt neceſſaire de connoître préferablement à tout autre.

J'indique les Cartes de Meſſieurs SANSON publiées par le ſieur *Jaillot*, parce que juſques-ici nous n'en avons pas encore eu de plus exactes, de plus claires, ni de mieux gravées. Il ſeroit utile que ces Cartes fuſſent enluminées en plein à la maniere d'Hollande; mais du moins il eſt neceſſaire qu'elles le ſoient par un ſimple trait à la maniere de France.

TABLE DE LA GEOGRAPHIE DES ENFANS.

Les Libraires qui publient cet Abregé de Geographie, donnent avis qu'ils vont incessamment faire paroître une nouvelle Edition de la Methode pour étudier la Geographie, par le même Auteur, in 12. 5. *Volumes fort augmentée, & qu'ils feront paroître en même-temps le* Supplement ou Tome 5. de la Methode pour étudier l'Histoire *du même Auteur in* 4°. *grand & petit papier, & in* 12. 4. *Volumes, pour joindre à toutes les Editions de cette* METHODE.

GEOGRAPHIE

GEOGRAPHIE DES ENFANS, OU METHODE ABREGÉE DE LA GEOGRAPHIE.

PREMIERE LEÇON.

Du Monde en general.

Demande. 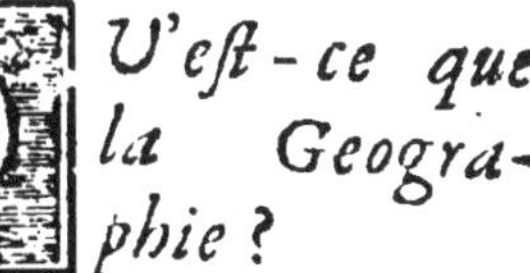 *U'eſt-ce que la Geographie?*

Reponſe. La Geographie eſt la deſcription du Globe terreſtre, ou la diviſion de la ſurface de la Terre en ſes differentes parties.

D. *Quelles ſont les parties du Globe terreſtre?*

R. Il y en a deux principales; ſçavoir, la Terre & les eaux: ces eaux ſont la Mer, les Lacs, & les Rivieres.

D. *Quelle difference mettez-vous entre ces eaux?*

R. La Mer eſt un grand aſſemblage d'eaux ſalées: la plûpart des Lacs ſont un aſſemblage moins conſiderable d'eaux douces; & les Rivieres ſont des eaux douces courantes.

D. *Quelles parties contient la ſurface de la Terre?*

R. On en compte ordinairement ſix, ſçavoir; l'Europe, l'Aſie, l'Afrique & l'Amerique, avec les Terres Arctiques & les Terres Antarctiques, en y comprenant les Iſles.

D. *Ces parties ont-elles toujours été connuës?*

R. Non ; car les anciens ne connoiſſoient que les trois premieres, qui ſont l'Europe, l'Aſie, & l'Afrique; & même elles n'étoient pas entierement découvertes.

D. *Quel nom donne t'on à ces trois parties ?*

R. On les nomme ordinairement l'ancien monde, ou l'ancien continent, parce qu'il étoit connu des anciens.

D. *Comment nomme-t'on l'Amerique ?*

R. On l'appelle le nouveau monde ; parce qu'il a été découvert dans les derniers ſiecles : ou même les Indes Occidentales, pour les diſtinguer des grandes Indes qui ſont à l'Orient.

D. *Quelle partie de la Terre fut habitée la premiere ?*

R. Ce fut l'Aſie, où le premier homme a été créé : c'eſt auſſi la plus illuſtre, parce que le Sauveur du monde y eſt né, & qu'il y a operé le Myſtere de la Redemption.

D. *Quelle partie de la Terre eſt aujourd'hui la plus celebre ?*

R. C'eſt l'Europe ; tant par la douceur de ſes mœurs, que par la police du Gouvernement & la ſageſſe de ſes differentes Loix.

D. *Les autres parties de la Terre ont-elles ce même avantage ?*

R. Les extremités de l'Aſie ſont gouvernées plus ſagement que les Etats qui ſont au couchant. La plûpart de l'Afrique eſt reſtée dans la Barbarie ; & ſi l'on excepte en Amerique ce qui eſt habité par les Européens, le reſte conſerve toujours quelque choſe de ſauvage & d'inculte : les autres parties ſont peu connues.

II. LEÇON.

DE L'EUROPE.

Demande. *QUelles ſont les bornes de l'Europe ?*

Reponſe. L'Europe eſt bornée au nord par la mer Glaciale ; au levant par la Ruſſie Aſiatique, le Don ou Tanaïs & par la mer Noire ; au midi par la mer Mediterranée, & au couchant par le grand Ocean.

D. *Combien l'Europe contient-elle d'Etats principaux ?*

R. Elle en contient ſeize, dont ſix ſont au nord, cinq vers le milieu ; & cinq au midi.

D. *Quels ſont les Etats du nord?*

R. Ce ſont les Iſles Britanniques, le Dannemarck, la Norwege, à laquelle on joint l'Iſlande ; la Suede, la grande Ruſſie ou Moſcovie, & la Pologne.

D. *Quels Etats ſont au milieu de l'Europe ?*

R. Ce ſont la France, l'Allemagne, les Provinces des Pays-bas, la Bohême, & la Hongrie.

D. *Quels Etats ſont au midi de l'Europe ?*

R. Ce ſont l'Eſpagne, le Portugal, l'Italie, la Turquie en Europe; & la petite Tartarie.

D. *Tous ces Etats ſe gouvernent-ils de même?*

R. Il s'en faut beaucoup. Les uns ſont des Etats Monarchiques, les autres ſont des Republiques, & les troiſiémes un Gouvernement mixte.

D. *Qu'eſt-ce qu'un Etat Monarchique?*

R. La Monarchie eſt un Etat où l'autorité ſouveraine eſt entre les mains d'un ſeul, qui gouverne ſoit par lui-même, ſoit par ſes Miniſtres, comme en France, en Eſpagne, en Portugal.

D. *Qu'entendez-vous par Republique?*

R. La Republique eſt un Etat, où l'autorité ſouveraine eſt dépoſée entre les mains de pluſieurs membres choiſis pour gouverner les autres, comme Veniſe, les Provinces-Unies des Pays-bas, & la Suiſſe.

D. *Qu'eſt-ce qu'un Gouvernement mixte ?*

R. C'eſt celui où l'autorité du Souverain eſt limitée ou temperée par les Loix ou par les Etats, comme l'Empire d'Allemagne, la Pologne, & l'Angleterre.

D. *Combien l'Europe a-t'elle d'étendue ?*

R. L'Europe depuis le Cap nord, juſqu'aux extremitez de l'Italie ou de l'Eſpagne contient environ ſept cens lieuës; & environ mille cinquante du couchant au levant; c'eſt-à-dire, depuis le Cap Finiſtere en Eſpagne juſques au Don ou Tanaïs.

III. LEÇON.

Suite de l'Europe.

Demande. *QUelles ſont les Villes Capitales des Etats du Nord ?*

Reponſe. Londres eſt la Capitale des Isles Britanniques ; Copenhague du Dannemarck ; Christiania de la Norwege ; Stockolm de la Suede ; Moscow de la Russie ou Moscovie ; & la Pologne a Cracovie, quoique les Rois demeurent à Varsovie.

D. *Quelles sont les Villes Capitales des Etats du milieu de l'Europe ?*

R. La France a pour Capitale Paris ; Prague est la Capitale de la Bohême, & Bude de la Hongrie.

D. *Pourquoi ne marquez-vous pas la Capitale de l'Allemagne ?*

R. Parce que l'Allemagne étant un Empire, composé de plusieurs grandes Principautez indépendantes, chaque Etat particulier a sa Capitale : & l'on ne sçauroit dire précisément quelle est celle de toute l'Allemagne. Mais Vienne sert depuis long-temps de résidence aux Empereurs.

D. *Les Pays-bas n'ont-ils pas aussi de Capitale ?*

R. On ne ſçauroit marquer au juſte la Capitale des Pays-bas, parce qu'étant un compoſé de differentes Republiques ſoumiſes à diverſes Dominations, chaque Republique a ſa Capitale.

D. *Quelles ſont les Capitales des Etats de l'Europe qui ſont au midy?*

R. L'Eſpagne a pour Capitale Madrit; le Portugal a Liſbonne; l'Italie a Rome, Conſtantinople eſt la Capitale de la Turquie: & Bacha Seraï de la petite Tartarie.

D. *Quelles ſont les Iſles les plus conſiderables de l'Europe?*

R. Ces Iſles ſont la grande Bretagne, l'Irlande & l'Iſlande dans le grand ocean & dans la mer Mediterrannée on trouve la Sicile, Sardaigne, Corſe, Majorque, Minorque, Candie, & les Iſles de l'Archipel.

D. *Qu'eſt-ce qu'une Iſle?*

R. C'eſt une portion de terre,

moindre qu'un continent, & toute environnée d'eau.

IV. LEÇON.

Suite de l'Europe.

Demande. *QUelles ſont les Rivieres ou Fleuves de l'Europe?*

Reponſe. Les principaux ſont la Dwine & le Don ou Tanaïs en Moſcovie; le Danube, le Rhin & l'Elbe en Allemagne; la Viſtule en Pologne; la Tamiſe en Angleterre; la Loire, la Seine, le Rhône & la Garonne en France: l'Ebre, le Tage & le Douro en Eſpagne; & le Po en Italie.

D. *Marquez les principales Montagnes de l'Europe?*

R. Ces Montagnes ſont les Fellices, ou Daara Field entre le Norwege & la Suede; le Mont Krapack entre la Pologne & la Hongrie: les Monts Pirenées qui ſéparent la France & l'Eſpagne:

les Alpes entre la France, l'Allemagne & l'Italie & l'Apennin qui traverse toute l'Italie.

D. *N'y a-t'il pas en Europe des Montagnes qui jettent du feu?*

R. Il s'en trouve plusieurs: tels sont le Mont Hecla dans l'Islande, le Vesuve ou Soma dans le Royaume de Naples, l'Etna ou Gibel dans la Sicile; & il s'en forme quelques-unes dans le Royaume de Bohême.

D. *Qui sont les principaux Lacs de l'Europe?*

R. Ce sont ceux de Ladoga & d'Onega en Moscovie; de Geneve entre la Suisse & la Savoye; de Constance sur les frontieres d'Allemagne; & celui de Come avec le Lac majeur en Italie.

D. *Qu'entendez-vous par un Lac?*

R. C'est un assemblage assez grand d'eau douce ou salée, moindre que la mer, mais beaucoup plus grand que les Etangs.

D. *Quels Detroits y a-t'il en Europe?*

R. Ces Detroits ſont ceux du Sund pour la mer Baltique; le Pas de Calais entre la France & l'Angleterre; le Phare de Meſſine entre Naples & Sicile, & le Detroit des Dardanelles ou Gallipoli dans la Méditerranée entre l'Europe & l'Aſie.

D. *Qu'appellez vous un Detroit?*

R. C'eſt un Canal, qui ſe trouve entre deux terres, peu éloignées l'une de l'autre, & qui ſert de communication à deux mers.

V. LEÇON.

Iſles Britanniques.

GRANDE BRETAGNE.

Demande. *QU'entendez-vous par les Iſles Britanniques.*

Reponſe. Ces Iſles au nombre de deux grandes & de pluſieurs petites, composent un Royaume hereditaire, qui se nomme aujourd'hui le Royaume de la Grande Bretagne.

D. *Quelles sont les deux grandes Isles Britanniques ?*

R. Ces Isles sont le Royaume de la Grande Bretagne en particulier, & le Royaume d'Irlande qui est une ancienne conquête de l'Angleterre.

D. *En combien de parties divise-t'on l'Isle de la Grande Bretagne ?*

R. Elle se divise en deux parties principales, sçavoir l'Angleterre & l'Ecosse, qui faisoient autrefois deux Royaumes, mais qui aujourd'hui n'en font qu'un depuis l'union que la Reine Anne en a faite l'an 1707.

D. *En combien de parties divise-t'on l'Angleterre ?*

R. En deux parties, sçavoir en Angleterre propre & en Principauté de Galles, qui contiennent ensemble 52 Provinces ou Comtez.

D. *Quelles sont les principales Villes de l'Angleterre?*

R. Londres, qui en est la Capitale est aussi la plus marchande & l'une des plus grandes Villes de l'Europe. On y joint Cantorbery & Yorck, toutes deux avec titre d'Archevêché; aussi-bien qu'Oxfort & Cambridge où sont deux Academies ou Universitez.

D. *Combien y a-t'il d'Evêchez en Angleterre?*

R. Il s'y trouve deux Archevêchez & 25 Evêchez qui tous ont entrée au Parlement d'Angleterre, à l'exception de celui de l'Isle de Man qui n'y entre pas.

D. *Quelles sont les principales Rivieres d'Angleterre?*

R. Ces Rivieres sont la Tamise, la Saverne & l'Humber.

D. *Quelles en sont les principales Isles ;*

R. Ces Isles sont celles de Wight, d'Anglesey, de Man, les Sorlingues, Jersai & Garnesey. Ces deux dernieres sont sur les Côtes de Normandie Province de France.

D. *Quelle est la Religion dominantes des Isles Britanniques ?*

R. C'est la Religion reformée Episcopale, où avec les dogmes des Reformez de Geneve, on a conservé beaucoup des cérémonies & de l'exterieur de la Religion Catholique, & même une partie considerable de sa Discipline. Cela n'empêche pas qu'il ne s'y trouve un grand nombre de Reformés, de Lutheriens, de Juifs, & même des Catholiques, sur tout en Irlande.

VI. LEÇON.

Suite des Isles Britanniques.

Demande. *Comment divisez-vous l'Ecosse?*

Reponse. L'Ecosse se divise en Septentrionale au-delà du Tay, & en méridionale au-deçà du Tay; qui contiennent en tout 35 Provinces sous deux Archevêchez & 12 Evêchez.

D. *Dans quel Etat est l'Ecosse?*

R. Par rapport à la nature du terrain, l'Ecosse est beaucoup moins fertile que l'Angleterre: elle est deserte en quelques endroits. Quant à son Gouvernement, il est entierement changé: autrefois c'étoit un Royaume, & par l'union qui en fut faite avec l'Angleterre en 1707, elle est devenuë Province.

D. *L'Ecosse a-t'elle des Rivieres & des Lacs?*

R. Le Tay, la Spey, la Clyde &

& le Nith en ſont les plus conſiderables Rivieres ; mais les Lacs s'y trouvent en bien plus grand nombre.

D. *Quelles ſont les principales Villes de l'Ecoſſe?*

R. Edimbourg, qui en eſt la Capitale : Gloſcow & Saint André ſont le Siege des deux Archevêques de ce Pays.

D. *Quelles ſont les Iſles qui tiennent à l'Ecoſſe?*

R. Il y en a pluſieurs que l'on diviſe en trois claſſes ; ſçavoir les Weſternes, qui ſont au couchant de l'Ecoſſe ; les Orcades au nord, & les Schetlands qui ſont encore plus au ſeptentrion.

D. *Comment diviſez-vous l'Irlande?*

R. Elle ſe diviſe en 4. parties principales, qui contiennent 32 Provinces ou Comtez, ſous la direction ſpirituelle de quatre Archevêques & de 19 Evêques.

D. *Marquez les Villes d'Irlande les plus remarquables.*

R. Celle de Dublin qui en eſt la Capitale, d'Armach, de Cashel & de Gallouay, toutes quatre ayant le titre d'Archevêchez. Watterfort & Limmerick ſont encore deux Villes aſſez conſiderables, & qui font un bon commerce.

D. *Quelles ſont les Rivieres de l'Irlande?*

R. Il y en a pluſieurs : mais la plus conſiderable eſt le Shannon, qui dans ſon cours forme trois Lacs & un grand Golfe à ſon embouchure.

D. *Quelle eſt la Religion de ces deux parties?*

R. La Religion y eſt la même qu'en Angleterre, avec cette difference qu'en Ecoſſe il y a beaucoup plus de Reformez que d'Epiſcopaux ; & qu'en Irlande il y a beaucoup plus de Catholiques que d'aucune autre Communion Chrétienne.

Ces six Leçons doivent faire une semaine, & le septiéme jour il est bon de faire repeter les six Leçons précedentes; avec cette attention de faire toujours marquer par les Enfans sur la Carte les endroits dont ils parlent; aprés neanmoins qu'on les leurs aura montré.

VII. LEÇON.

LE DANNEMARCK.

Demande. *COmment divisez-vous le Dannemarck?*

Reponse. Le Royaume de Dannemarck, Pays froid, mais sain, se divise en Terres fermes à l'Occident, & en Isles qui sont à l'Orient.

D. *Quelle est la terre ferme du Dannemarck?*

R. C'est le Jutland, qui se divise en nord-Jutland, & en sud-Jutland ou Duché de Sleswick sous la direction de six Evêques Protestans.

D. *Quelles ſont les Iſles du Dannemarck ?*

R. Ces Iſles dans la mer Baltique ſont Zeeland, Funen, ou Fionie, Langeland, Laland, Falſter & quelques autres moins conſiderables, avec quelques-unes dans le grand Ocean.

D. *Quelles Villes y a-t'il en Dannemarck ?*

R. Les Villes les plus diſtinguées ſont Copenhague, Capitale du Royaume qui eſt dans l'Iſle de Zeeland; Elzeneur ſur le Detroit du Sund : Odenzée dans l'Iſle de Funen; Alborg, Arhuſen, Rypen & Sleſwyck.

D. *Qu'eſt-ce que le Detroit du Sund ?*

R. C'eſt un paſſage de mer entre le Dannemarck & la Suede, qui fait la communication du grand Ocean avec la mer Baltique.

NORWEGE.

D. *Qu'eſt-ce que le Norwege ?*

Reponse. Le Norwege eſt le Royaume le plus ſeptentrional de l'Europe, qui s'étend le long de la mer, & qui ſe diviſe en 4. grands Gouvernemens, qui ſont ceux d'Aggerhus, de Berghen, de Dronthem, & de Wardhus où eſt la Laponie Norwegienne. La Capitale ſe nomme Chriſtiania.

D. *Quelles ſont les dépendances du Norwege?*

R. Ce ſont les Iſles d'Iſlande & de Fare ou Fero. L'Iſlande ſe diviſe en 4. quartiers, dont la Capitale eſt Skalhot. Les Iſles de Fare ou Fero ne contiennent que des Villages ou des Hameaux peu conſiderables.

D, *Quelle eſt la Religion du Dannemarck?*

R. La Communion Lutherienne qui fut établie en Dannemarck l'an 1539, en eſt la Religion dominante; elle y eſt ſous la direction de ſix Evêques, qui réſident à Copenhague, à Odensée, à Wiborg, à Aalborg, à Rypen & à Arhusen : & il y a fort peu de Catholiques.

VIII. LEÇON.

LA SUEDE.

Demande. *Comment divisez-vous la Suede ?*

Reponse. La Suede se divise en six grandes parties, qui contiennent sous elles d'autres Provinces Particulieres. Ces six parties sont la Suede propre, le Gothland, le Schonen, le Gouvernement de Bahus, les Provinces du Nord, & la Finlande.

D. *Que remarquez-vous encore dans la Suede ?*

R. Quelques Isles, sçavoir Aland, Gothland, & Oeland : les Golfes de Finlande & de Bothnie, & quelques Villes considerables, qui sont Stockolm Capitale, Upsal & Lunden tous deux Archevêchez,

Abo, Gotteborg, & Bahus. La Religion eſt la Lutherienne, comme en Dannemarck, ſous la direction de l'Archevêque d'Upſal & de ſept Evêques.

MOSCOVIE.

D. *Comment diviſez-vous la Moſcovie ?*

R. La Moſcovie ſe diviſe en Moſcovie ſeptentrionale, & Moſcovie méridonale, qui contiennent en tout trente-quatre Provinces, ſçavoir dix-huit dans la Moſcovie ſeptentrionale, & ſeize dans la méridionale.

D. *Que trouvez-vous de remarquable dans la Moſcovie ?*

R. Ce ſont les Villes de Moſcow Capitale, Petersbourg Ville toute nouvelle que le Czar Pierre I, a fait bâtir dans l'Ingrie, Archangel Ville très commerçante, Smolensko & Kiow ſur les frontieres de Pologne. On y trouve encore les

Lacs Ladoga, Onega & Biela avec les Rivieres du Wolga, du Nieper, du Don, & de la Dwina. La Religion dominante est la Grecque Schismatique sous la direction d'un Patriarche & de plusieurs Archevêques & Evêques.

POLOGNE.

D. *Comment divisez-vous la Pologne?*

R. Elle se divise en Royaume de Pologne & en Duché de Lithuanie. Le Royaume de Pologne contient vingt-deux Palatinats, & le Duché de Lituanie en contient neuf avec sept Capitaineries.

D. *Que remarquez-vous de considerable dans la Pologne?*

R. Les Villes considerables sont Cracovie Capitale du Royaume; Varsovie residence des Rois; Vilna Capitale du Duché de Lithuanie; Dantzick Ville libre, & très commerçante sous la protection de la la Pologne, Posnanie, Sendomir & Kaminieck. La Religion Catholique y est la dominante, sous plusieurs Archevêques & Evêques.

HONGRIE.

D. *Comment divisez-vous la Hongrie?*

R. En trois parties; sçavoir, en haute & basse Hongrie & en Esclavonie; & l'on y peut joindre aussi la Transylvanie.

D. *Qu'y remarquez-vous de considerable?*

R. J'y remarque le Danube, le plus grand Fleuve de l'Europe, la Drave & la Save. Les Villes principales sont Bude Capitale du Royaume, Presbourg, Gran ou Strigonie, Grand Waradin, Tokay, Esseck, Temeswar, Hermanstat Capitale de Transylvanie, & Belgrade Capitale de la Servie. La Religion Catholique en est la dominante ; mais on y trouve encore beaucoup de Lutheriens & de Calviniſtes.

BOHEME.

D. *Diviſez le Royaume de Boheme.*

R. Je le diviſe en Boheme propre, en Duché de Sileſie, en Marquiſat de Moravie & en Marquiſat de Luſace. Prague eſt la Capitale de la Boheme, Breſlaw de la Sileſie, Olmutz de la Moravie, & Gorlitz de la Luſace. La Religion Catholique y eſt la dominante; mais il y a beaucoup de Lutheriens & quelques Calviniſtes.

IX. LEÇON.

L'ALLEMAGNE.

Demande. *QU'eſt-ce que l'Allemagne?*

Reponſe. L'Allemagne eſt un Empire compoſé de beaucoup de Principautez & de Seigneuries, qui se divisent ordinairement en dix Cercles.

D. *Quels sont ces Cercles?*

R. Ce sont ceux d'Autriche, de Baviere, de Souabe, de Franconie, de haute Saxe, de basse Saxe, de Westphalie, du bas Rhin ou des quatre Electeurs; du haut Rhin & de Bourgogne.

D. *Qu'est-ce que le Cercle d'Autriche?*

R. Le Cercle d'Autriche qui est le plus étendu des Cercles de l'Empire, contient les Pays hereditaires de la Maison d'Autriche, avec les Evêchez de Trente & de Brixen, & quelques autres Principautez.

D. *Quelles Principautez contient le Cercle de Baviere?*

R. Ce Cercle outre le Duché & Electorat de Baviere & le haut Palatinat, contient encore l'Archevêché de Saltzbourg, les Evêchez de Freysingue, de Ratisbonne, de Passaw & de Chiemsée : la Prevôté de Berchtolsgalde, le Duché de Neubourg, la Principauté de Sultzbach & quelques autres Etats.

D. *Quelles Principautez sont comprises dans le Cercle de Souabe ?*

R. Le Cercle de Souabe comprend le Duché de Wirtemberg, les Marquisats de Baden, les Principautez de Hohenzollern & de Furstenberg : l'Abbaye de Kempten, la Prevôté d'Elwagen & d'autres Etats moins considerables.

D. *Quelles sont les Principautez du Cercle de Franconie ?*

R. Ce sont les Evêchez de Bamberg, de Wirtzbourg & d'Aichstet ; les Etats du Grand-Maître de l'Ordre Teutonique, les Marquisats de Culemback & d'Anspach, quelques Comtez, avec la Ville & territoire de Nuremberg.

D. *Quels sont les Etats du Cercle de la haute Saxe?*

R. Ce Cercle contient le Duché & Electorat de Saxe, le Marquisat & Electorat de Brandebourg. Dans le premier sont compris le Marquisat de Misnie, le Landgraviat de Thuringe & la Principauté d'Anhalt, & divers Etats des autres branches de la maison de Saxe, avec la Pomeranie.

X. LEÇON.

Suite de l'Allemagne.

Demande. *QUels Etats comprend le Cercle de basse Saxe?*

Reponse. Il comprend le Duché & Electorat d'Hannovre, les Duchez de Brunswick, de Lunebourg, d'Holstein, de Meckelbourg, de Saxe Lavenbourg, de Magdebourg, & de Bremen, avec la Principauté d'Halberstat & l'Evêché d'Hildesheim.

D. *Que contient le Cercle de Westphalie ?*

R. Ce Cercle contient les Evêchez de Munster, de Liege, d'Osnabruck & de Paderborn: les Duchez de Juliers, de Cleves & de Berg : les Principautez de Ferden, de Minden & d'Oostfrise avec les Comtez de la Marck, de Nassaw, d'Oldenbourg & quelques autres, aussi-bien que les Abbayes de Corwey & de Stablo.

D. *Quels sont les Etats du Cercle du bas Rhin ?*

R. Ces Etats sont les Archevêchez & Electorats de Mayence, de Treves & de Cologne avec le Duché de Westphalie qui dépend de ce dernier ; l'Electorat & Palatinat du Rhin, avec plusieurs autres petits Etats.

D. *Quelles sont les Principautez du Cercle du haut Rhin ?*

R. Ce sont le Landgraviat de Hesse, le Duché de Deux Ponts, la Veteravie, les Comtez de Hanau, de Waldeck & quelques autres, avec les Evêchez de Worms, de Spire & de Basle, & les Abbayes de Fulde & de Pruym. On y joint aussi le Comté de Montbelliard, qui n'est d'aucun Cercle.

D. *Le Cercle de Bourgogne subsiste-t'il toujours?*

R. Ce Cercle qui ne subsiste plus comprenoit la Franche Comté & les XVII. Provinces des Pays-bas: mais la Franche Comté est à la France, aussi-bien que plusieurs des XVII. Provinces, & sept autres sont indépendantes de l'Empire.

XI. LEÇON.

Suite de l'Allemagne.

Demande. *Quelles sont les principales Villes de l'Allemagne?*

Reponse. Quoique l'Allemagne n'ait pas proprement de Ville Capitale, elle a neanmoins beaucoup de Villes considerables.

D. *Marquez-nous les plus considerables de ces Villes.*

R. Ce sont Vienne dans la basse Autriche & residence des Empereurs de la maison d'Autriche, Mayence, Treves & Cologne, qui sont les Chefs des 3. Electorats Ecclesiastiques: Munick Capitale de la Baviere, Dresden de la Saxe; Berlin du Brandebourg; Heidelberg du Palatinat, & Hanovre qui l'est de l'Electorat de ce nom.

D. *L'Allemagne n'a-t'elle pas encore d'autres Villes considerables?*

R. Elle a encore d'autres Villes libres & Imperiales, qui sont autant de Republiques. Les principales sont Hambourg, Cologne, qui est indépendante de son Electeur, Ausbourg, Nuremberg, Francfort sur le Mein, Lubeck, Ratisbonne, Hailbron & quelques autres.

D. *N'y a-t'il pas encore d'autres Villes remarquables ?*

R. On trouve encore dans l'Empire, Bremen, Magdebourg, Brunswick, Leypsick, Munster, Liege, Wirtzbourg, Bamberg, Stetin, Dusseldorp & beaucoup d'autres, soumises à divers Princes de l'Empire.

D. *Quelles sont les Rivieres de l'Allemagne ?*

R. Ces Rivieres sont le Danube qui traverse la plus grande partie de l'Allemagne; le Rhin qui souvent lui sert de Bornes; l'Elbe qui prend sa source dans la Bohême; l'Oder qui naît sur les frontieres de la Moravie & de la Silesie. La Meuse prend sa source en France, & la Moselle en Lorraine.

D. *Quelle est la Religion dominante de l'Allemagne ?*

R. Les trois Religions, la Catholique, la Lutherienne, & la Reformée ou Calviniste ont cours dans l'Empire d'Allemagne. La Catholique dans les Etats hereditaires de la maiſon d'Autriche ; dans la Baviere, le Palatinat, les trois Electeurs Eccleſiaſtiques, les Princes Evêques ou Abbez; & en quelques Villes Imperiales.

D. *Dans quels Etats la Religion Lutherienne & la Reformée ſont-elles dominantes?*

R. La Communion Lutherienne qui eſt née en Allemagne l'an 1517. eſt ſuivie dans les Cercles de haute & baſſe Saxe, dans une partie de ceux de Weſtphalie, de Souabe & du haut Rhin. La troiſiéme qui eſt la Reformée née en France vers l'an 1530. eſt profeſſée dans les Etats du Landgrave de Heſſe-Caſſel, du Comte de Hanau dans le Brandebourg & dans la Ville Imperiale de Bremen.

XII. LEÇON.

DE LA SUISSE.

Demande. Q*U'est-ce que la Suisse ?*

Reponse. La Suisse est un Corps, composé de treize Cantons, qui forment autant de Republiques particulieres, qui ont ensemble ou des Alliez, ou des Sujets.

D. *Comment divisez-vous la Suisse ?*

R. En Suisse propre, qui contient les treize Cantons ; en Alliez des Suisses ; en Sujets des Suisses, & en Sujets de leurs Alliez.

D. *Marquez-nous quels sont ces Cantons ?*

R. Ce sont ceux de Zurich, de Berne, de Lucerne, d'Ury, de Schwitz, d'Underwald, de Zug, de Glaris, de Basle, de Fribourg, de Soleure, de Schafhouse & d'Appensel ; qui tous ont une Ville ou un Bourg pour Capitale.

D. *Quels sont les Alliez des Suisses?*

R. Leurs Alliez sont l'Abbé de S. Gal, avec sa Ville; les Grisons, le Valais, l'Evêque de Basle, les Villes de Mulhausen, de Bienne, & de Geneve, avec les Comtez de Neufchâtel & de Vallengin.

D. *Quels sont les Sujets des Suisses?*

R. Ce sont les Comtez de Baden, les Baillages de Bremgarten & de Mellingen, avec le Turgaw, le Reinthal, les quatre Baillages d'Italie & quelques autres Seigneuries.

D. *Qui sont les Sujets des Alliez?*

R. Les Sujets des Alliez de la Suisse sont la Valteline, le Comté de Chiavenne, le Comté de Bormio, le Toggembourg & le bas Valais.

D. *Quelles sont les Villes les plus remarquables de la Suiße?*

R: Ces Villes sont Zurich, Basle, Berne, Lucerne, Fribourg, Soleure, Geneve & Lauſanne.

D. *Que remarquez-vous encore dans la Suiſſe?*

R. On y remarque les Lacs de Geneve, de Conſtance, de Neufchâtel & de Zurich; auſſi-bien que le Rhin, le Rhoſne, l'Inn, l'Adda & le Teſin, qui y prennent leur ſource dans les montagnes des Alpes, preſque toutes occupées par les Suiſſes.

D. *Quelle eſt la Religion dominante de la Suiſſe?*

R. Deux Religions, ſçavoir, la Catholique & la Reformée: la premiere dans ſept petits Cantons, la Reformée dans ceux de Zurich, Berne, Baſle, & Schafhouſe; Glaris & Appenzel autoriſent les deux Communions.

A la fin de la ſeconde ſemaine on doit faire la repetition des ſix dernieres Leçons.

XIII. LEÇON.

DE LA FRANCE.

Demande. *COmment divisez-vous la France ?*

Reponse. La France qui est un Royaume successif, se divise de plusieurs manieres, soit par Gouvernemens Generaux Militaires, soit par Generalitez ou Intendances, soit même par Jurisdiction des Parlemens, soit enfin par Provinces Ecclesiastiques.

D. *Divisez la France par Gouvernemens Generaux.*

R. Il y a en France actuellement trente-huit Gouvernemens generaux ; sçavoir treize dans la partie septentrionale ; quatorze dans la partie du milieu : & onze dans la méridionale.

D. *Marquez les Gouvernemens de la partie septentrionale.*

R. Ces Gouvernemens sont ceux

de Paris; de l'Isle de France: de Picardie & Artois; de Boulenois; de Flandres, de Normandie, du Havre de Grace: de Champagne: Sedan & Pays en dépendans: de Metz & Province de la Sarre; de Verdun; de Toul; & d'Alsace.

D. *Qui sont les Gouvernemens de la partie du milieu?*

R. Ces Gouvernemens au nombre de treize sont ceux de Bretagne; d'Anjou; de Saumur & Saumurois; du Maine & Perche; de Touraine, de Poitou; Pays d'Aulnis; de Berry; d'Orleanois; de Nivernois; de Bourbonnois, d'Auvergne; de Bourgogne & de Franche-Comté.

D. *Qui sont les Gouvernemens de la partie méridionale?*

R. Ce sont le Saintonge & Angoulmois; la Marche, le Limosin, le Lyonnois; la Guyenne, Navarre & Bearn; Foix & Donesan; Languedoc, Dauphiné, Provence, & Roussillon.

D. *Comment divisez-vous la France par Generalités?*

R. La France se divise actuellement en trente & une Generalitez ou Intendances, dont onze dans la partie septentrionale; dix dans la partie du milieu, & dix dans la partie méridionale.

D. *Marquez les Generalitez de la partie septentrionale.*

R. Ce sont celles de Paris, de Picardie & Artois; de Flandres, de Haynault, de Rouen, de Caen, d'Alençon, de Soissons, de Champagne, de Mets & d'Alsace.

D. *Marquez les Generalitez de la partie du milieu.*

R. Ce sont celles de Bretagne, de Tours, de Poitiers, de la Rochelle, de Bourges, d'Orleans, de Moulins, de Riom, de Bourgogne & de Franche-Comté.

D. *Qui ſont les Generalitez de la partie méridionale ?*

R. Ce ſont celles de Limoges, de Lyon, de Bordeaux, d'Auſch, de Montauban, de Toulouſe, de Montpellier, de Grenoble, de Provence & de Rouſſillon.

D. *N'y a-t'il pas encore d'autres diviſions de la France ?*

R. La France ſe peut encore diviſer par Provinces Eccleſiaſtiques; par Chambres des Comptes; par Parlemens; en Pays d'Elections & en Pays d'Etats; mais toutes ces diviſions ne ſont pas d'uſage dans la Geographie.

XIV. LEÇON.

Suite de la France.

Demande. *Quelle eſt la Religion reçûë en France ?*

Reponſe. La ſeule Religion reçûë en France eſt la Catholique Romaine: la Reformée ou Calviniſte qui s'y étoit établie à main armée dans le XVIe siecle y a été défenduë dans le XVIIe, mais il se trouve encore quelques Juifs tolerez à Mets, en Alsace, à Bayonne, & même à Avignon comme Terre du Pape.

D. *Quelles Montagnes remarquez-vous en France?*

R. Outre les Monts Pyrenées qui séparent la France d'avec l'Espagne; les Alpes qui la séparent de l'Italie; les Montagnes de Vosges sur les frontiéres de la Franche-Comté & de l'Alsace. On trouve encore de hautes Montagnes en Auvergne & dans les Cevennes.

D. *Quelles sont les plus grandes Rivieres de France?*

R. Ce sont au septentrion la Some qui arrose toute la Picardie; la Marne qui traverse toute la Champagne & la Brie; la Seine qui vient de la Bourgogne passe à Paris & va se perdre dans la mer, après avoir arrosé une partie de la Normandie.

D. *Quelles sont les autres Rivieres de France?*

R. Ce sont la Loire qui naît dans le Vivarais, & tombe dans la mer au-dessous de Nantes ; le Cher, l'Indre & la Vienne qui se perdent dans la Loire ; le Rhosne qui vient de la Suisse se perdre avec beaucoup de rapidité dans le Golfe de Lyon & la Saone, l'Arche & la Durance qui se rendent dans le Rhosne.

D. *N'y a-t'il pas encore en France d'autres grandes Rivieres?*

R. Il y a encore la Garonne qui naît dans les Pyrenées, reçoit l'Aveyron & le Lot : la Dordonne, dans laquelle se décharge Lille, va se joindre à la Garonne au-dessous de Blaye, pour tomber ensuite dans le grand Ocean près la Tour du Cordouan.

D. *Toutes ces Rivieres sont-elles navigables?*

R. Elles le ſont toutes, tant en deſcendant qu'en remontant, à l'exception du Rhoſne, qu'on ne remonte que très difficilement. On a même fait un Canal en Languedoc pour la communication des mers, qui prend au-deſſous de Toulouſe, & va tomber dans la mer méditerrannée, ſoit à Agde, ſoit auprès de Narbonne.

XV. LEÇON.

Suite de la France.

Demande. *DE toutes les diviſions de la France, qu'elle eſt la plus fixe pour la Geographie?*

Reponſe. Celle des Generalitez ou Intendances paroît la plus certaine, parce qu'elle eſt ſujette à moins de changemens. Celle des Gouvernemens generaux a changé très ſouvent, parce qu'on les multiplie & diviſe quand on le juge à propos.

D. *Detaillez les Generalitez de*

France dans l'ordre que vous les avez nommées.

R. La Generalité de Paris se met la premiere pour la Dignité de la Ville Capitale du Royaume. Elle est décoreé d'un Archevêché, d'un Parlement, qui est le premier du Royaume, d'une Chambre des Comptes & de toutes les Jurisdictions necessaires, avec une Université la plus celebre du monde.

D. *Qu'y a-t'il de remarquable dans cette Ville?*

R. Tout en est remarquable. Elle passe pour la Ville la plus peuplée de l'Europe, la plus magnifique pour ses Hôtels, ses Palais & ses Ponts, & la plus affable pour le caractere liant & bienfaisant de ses peuples.

D. *Combien y a-t'il d'Elections dans la Generalité de Paris?*

R. Il y en a vingt-deux, desquelles sans compter celle de Paris, huit sont au nord, & treize au midi de la Seine ; les premieres ſont Beauvais , Compiegne , Senlis, Pontoiſe , Meaux, Coulomiers , Roſoy, & Provins.

D. *Qui ſont les Elections au midi de la Seine?*

R. Ce ſont celles de Montereau-faut-Yonne , Melun, Nogent ſur Seine, Sens Ville Archiepiſcopale, Joigni, Saint Florentin, Tonnerre, Vezelay, Nemours, Eſtampes, Montfort-l'Amauri, Dreux & Mantes.

D. *Que contient la Generalité d'Amiens?*

R. Elle comprend une partie de la Picardie avec l'Artois: cette partie de la Picardie eſt contenuë en ſix Elections , ſçavoir, d'Amiens belle & grande Ville aſſez commerçante; d'Abbeville Ville aſſez marchande , de Dourlens, de Peronne , de Saint Quentin Places fortes & grands paſſages , & de Montdidier.

D. *Que comprend la Province d'Artois ?*

R. Cette Province qui est un Pays d'Etats se divise en Gouvernance d'Arras & en huit Baillages qui sont ceux de S. Omer, de Bethune, d'Aire, de Bapaume, d'Hesdin, de Lens, de Saint Paul, & de Lillers.

D. *N'y a-t'il point encore quelque Pays sous la Generalité d'Amiens ?*

R. On y joint le Boulenois Comté celebre dont la Capitale est Boulogne, Ville Episcopale sur la mer, & le Pays reconquis où est Calais grand passage de France en Angleterre, Guines & Ardres.

XVI. LEÇON.

Suite de la France.

Demande. D*ivisez la Generalité de Flandres.*

Reponse. Cette Generalité qui contient une partie du Comté de Flandres, ancienne Pairie du

Royaume, ſe diviſe en onze Subdelegations, dont trois ſont au levant de la Lys, & huit ſont au couchant de cette riviere.

D. *Marquez ces Subdelegations.*

R. Les trois qui ſont au levant de la Lys ſont Lille, grande Ville très riche & très commerçante, Douay où eſt une celebre Univerſité, & Saint Amand riche Abbaye, Cambray riche Archevêché, & Bouchain. Les huit Subdelegations au couchant de la Lys ſont Dunkerque autrefois très floriſſante, Bergues-Saint Vinox, Bourbourg, Graveline, Caſſel, Hazebrouck, Merville & Bailleul.

D. *Expliquez la Generalité de Haynaut.*

R. Cette Generalité comprend dix Villes, Gouvernemens ou Prevôtez particulieres, ſçavoir, Valenciennes, Condé, Maubeuge, le Queſnoy, Bavay, Landrecy, Aveſnes,

Avesnes, Charlemont, Philippeville & Marienbourg.

D. *Que remarquez-vous de considerables dans ces Villes?*

R. Elles sont presque toutes remarquables; Valenciennes par ses fortifications & son commerce de belles dentelles; Cambrai par son commerce de toiles; Maubeuge par son Chapitre de Chanoinesses très nobles, & les autres Villes par leurs fortifications, à l'exception de Bavay & de Marienbourg.

D. *Comment divisez-vous la Normandie?*

R. Cette Province a titre de Duché-Pairie, & l'une des plus considerable du Royaume se divise en trois Generalitez, qui sont celles de Roüen, de Caën & d'Alençon.

D. *Combien y a-t'il d'Elections dans la Generalité de Rouen?*

R. Cette Generalité qui est très considérable contient 14. Elections, dont dix ſont au nord de la Seine, & quatre au midi. Celles du nord ſont Roüen grande Ville, très marchande & très riche, Caudebec, Montivilliers, Arques; Eu Comté & Pairie, Neufchâtel, Lyons, Andely, Giſors, Chaumont & Magni: au midi ſont les Elections d'Evreux, Pont-de-l'Arche, Ponteau-de-mer, & Pont-l'Evêque.

D. *Combien y a-t'il d'Elections dans la Generalité de Caën?*

R. Il y en a neuf qui comprennent toute la baſſe Normandie, qui ſont celles de Caën grande Ville, avec une Univerſité; Bayeux Ville Epiſcopale, Carentan, Valognes, Coutances, Avranches Villes Epiſcopales, Vire, S. Lo, & Mortain.

D. *Comment diviſez-vous la Generalité d'Alençon?*

R. Je la diviſe auſſi en neuf Elections, qui ſont Alençon, Domfront, Falaiſe, Argentan, Lizieux,

Bernay, Conches, Mortagne & Verneüil dans le Perche.

D. *Que comprenez-vous dans la Generalité de Soissons ?*

R. Soissons dont la Generalité n'est pas fort étenduë, contient sept Elections, qui sont celles de Soissons, de Laon, de Noyon, toutes trois Villes Episcopales; avec celles de Guise, de Clermont, de Crespi & de Château-Thierri dans la Brie.

XVII. LEÇON.

Suite de la France.

Demande. *Divisez la Generalité de Champagne ?*

Reponse. Cette Province qui est très étenduë du nord au sud se divise en douze Elections, dont six sont au nord, & six au midi de cette Generalité.

D. *Marquez-nous ces Elections ?*

R. Celle de la partie septentrionale de cette Generalité sont Châlons, Siege Episcopale & grande Ville; Sedan autrefois à la Maison de la Marck, & puis à celle de Boüillon; Rethel, Sainte Menehould, Rheims Ville Archiepiscopale, & la premiere Pairie du Royaume, Espernay.

D. *Marquez les Elections de la partie méridionale.*

R. Ce sont Sezanne en Brie, Vitri-le-François, où il se fait un assez grand commerce de grains. Joinville, Troye, où il se fait un bon commerce de toiles, Chaumont & Langres, Ville Episcopale & Duché-Pairie.

D. *Que comprenez-vous sous la Generalité de Mets?*

R. On y comprend Metz Ville grande & forte, le Pays Messin, la temporalité de l'Evêché de Mets, l'Evêché de Verdun & celui de Toul, le Duché de Carignan, la Prevôté de Longwi, Thionville, la Province de la Saare, Lisle,

Saulnoy & Gorze où est une célebre Abbaye.

D. *Quelles Villes considerables y a-t'il dans cette Generalité?*

R. Outre Mets où est le Siege d'un Parlement, on trouve encore Verdun sur la Meuse, Ville assez grande & assez forte; Toul passablement grande; Saar-Loüis place très forte, Longwi démembré de la Lorraine, Thionville bonne place, & Damvillier.

D. *Que contient la Generalité d'Alsace?*

R. Elle contient la haute, la basse Alsace, & le Sundgaw, Province très considérable, que le Rhin sépare de l'Allemagne, dont elle faisoit autrefois partie.

D. *Que comprenez-vous dans la haute Alsace?*

R. Cette partie contient Colmar, où est le Conseil superieur de la Province, Ensisheim, Rufach,

Murback, Masmunster, & le Neuf Brisac, & le Sundgaw, qui tient à la haute Alsace renferme Ferrette, Beffort & Huningue bonne Forteresse sur le Rhin, avec Mulhausen Ville alliée des Suisses.

D. *Que contient la baße Alsace?*

R. Cette partie plus considérable & plus fertile que la haute Alsace contient Strasbourg grande & belle Ville bien fortifiée, & Capitale de toute la Province, Hagueneau le Siege du Grand Bailli d'Alsace : Schelestat & Landau Ville très forte, Fort-Loüis place forte dans une Isle du Rhin.

XVIII. LEÇON.

Suite de la France.

Demande. *EXpliquez maintenant les Generalitez de la partie du milieu de la France.*

Reponse. Je commence par la Bretagne, l'une des plus belles & des plus riches Provinces du

Royaume. Cette Province qui eſt un Pays d'Etats, ſe diviſe en haute & en baſſe Bretagne, qui comprennent neuf Evêchez.

D. *Marquez-noûs ces Evêchez?*

R. Ces Evêchez ſont ceux de Rennes, Capitale de la Province, avec le Siege d'un Parlement, S. Brieux, Saint Malo Ville très marchande avec un bon Port, Dol, Treguier, S. Paul de Leon, Quimper, Vannes & Nantes ſur la Loire, Ville très riche par ſon commerce.

D. *Que remarquez-vous encore de conſiderable dans cette Province?*

R. Cette Province qui eſt très riche, doit ſa richeſſe à ſon commerce & à ſa ſituation, étant preſque environnée de la mer; Breſt à l'extremité de la baſſe Bretagne eſt un des meilleurs Ports de l'Europe, auſſi-bien que Port-Loüis: le Croiſic & le Port d'Orient ſervent de retraite aux Vaisseaux de la Compagnie des Indes.

D. *Comment divisez-vous la Generalité de Tours?*

R. Cette Generalité qui est très étenduë, se divise en seize Elections, dont huit sont au nord de la riviere de Loire, & huit sont au midi.

D. *Qui sont les Elections du Nord de la Loire?*

R. Mayenne avec titre de Duché, Laval, le Mans Ville Episcopale, Capitale de la Province du Maine; Château du Loir, Angers, Ville & Evêché avec une Université, Château-gontier, la Fleche, avec un celebre College de Jesuites, & Baugé.

D. *Qui sont les Elections du midi de la Loire?*

R. Ce sont celles de Tours Ville Archiepiscopale, où se trouve une Manufacture d'Etoffes de soye;

d'Amboise, où est un vieux Château, Loches, Chinon, Saumur, Montreüil-Bellay, Loudun & Richelieu jolie Ville avec titre de Duché.

D. *Combien contez-vous d'Elections dans la Generalité de Poitiers?*

R. Il y en a neuf, sçavoir, celle de Poitiers grande Ville très mal peuplée, avec le Siege d'un Evêque. Saint Maixant, Nyort, Ville très marchande, Fontenai-le-Comte, Thoüars, Mauleon, les Sables d'Olonne, gros Bourg, avec un Port de mer, Châtelleraut & Confolens.

D. *Que contient la Generalité de la Rochelle?*

R. Cette Generalité, l'une des plus petites du Royaume contient cinq Elections, sçavoir, celle de la Rochelle Ville très commerçante avec un bon Port; Saintes Ville Episcopale, Saint Jean d'Angely, Marenne & Coignac celebre par ſes Eaux-de-vie. On trouve encore Rochefort Port celebre, avec les Iſles de Rhé & d'Oleron.

Repetition des ſix Leçons.

XIX. LEÇON.

Suite de la France.

Demande. *FAites connoître la Generalité de Bourges ?*

Reponſe. Cette Generalité eſt compoſée de ſept Elections, qui ſont Bourges Capitale de la Province, avec un Archevêché & Univerſité ; Iſſoudun, Châteauroux, le Blanc & la Châtres, toutes dans le Berri, avec Saint Amand en Bourbonnois, & la Charité ſur Loire dans le Nivernois.

D. *Combien y a-t'il d'Elections dans la Generalité d'Orleans ?*

R. On trouve dans cette Generalité, qui eſt aſſez étenduë, pluſieurs petites Provinces, comme l'Orleanois, la Beauce, le Blaiſois, le Vendomois & le Gatinois, qui composent en tout douze Elections.

D. *Qui sont ces douze Elections?*

R. Ce sont, en les prenant par le nord, celles de Chartres, de Dourdan, de Pithivier, de Châteaudun, d'Orleans, de Beaugenci, de Blois, de Vendôme, de Romorentin, de Montargis, de Gien avec Clameci dans le Nivernois.

D. *Qui sont les Villes les plus distinguées de cette Generalité?*

R. Ces Villes sont Orleans, Ville très riche & très marchande; avec Evêché & l'appanage du second fils de France, Chartres Ville ancienne avec Evêché, Blois, Ville fort jolie, avec un Siege Episcopal, établi sur la fin du XVIIe siecle.

D. *Combien trouve-t'on d'Elections dans la Generalité de Moulins?*

R. La Generalité de Moulins, qui contient le Bourbonnois avec quelques démembremens du Nivernois & de quelques autres petites Provinces renferme ſept Elections, qui ſont Moulins, Nevers, Château-Chinon, Gueret dans la Marche, Montluçon, Evaux & Gannat.

D. *Que remarquez-vous encore dans cette Generalité?*

R. Outre Moulins qui eſt une Ville aſſez grande & aſſez belle, on trouve encore Bourbon-l'Archambaud, qui a donné ſon nom à la Province & à la branche qui regne aujourd'hui: Nevers qui eſt une aſſez grande Ville & le Siege d'un Evêché.

D. *Diviſez la Generalité de Riom?*

R. Cette Generalité qui comprend preſque toute l'Auvergne, pays rempli de montagnes, ne contient que ſix Elections, deux dans la haute Auvergne, ſçavoir, Saint Flours & Aurillac, & quatre dans la baſſe Auvergne, qui ſont Riom, Clermont, Iſſoire & Brioude.

D. *Que remarquez-vous de conſiderable dans cette Generalité ?*

R. La baſſe Auvergne, où eſt ce qu'on appelle la Limagne, eſt aſſez fertile ; fait un aſſez grand commerce de Papiers, de Tapiſſeries & autres denrées. Elle envoye beaucoup de Mulets dans les autres Provinces.

XX. LEÇON.

Suite de la France.

Demande. *EXpliquez maintenant la Generalité de Dijon ?*

Reponſe. Cette Generalité comprend tout le Duché de Bourgogne, qui eſt un Pays d'Etats, & l'une des plus belles & des plus riches Provinces du Royaume, tant par ſon étenduë que par la bonté de ſes vins : elle ſe diviſe en cinq grands Baillages.

D. *Qui ſont ces Baillages?*

R. Ce ſont ceux de Dijon, d'Auxerre, où eſt Autun, de Châlons, de Mâcon, toutes Villes Epiſcopales, avec le grand Baillage de Breſſe.

D. *N'y a-t'il pas encore une autre diviſion de cette Generalité?*

R. Elle ſe diviſe encore en dixneuf petits Baillages & trois Elections. Ces Baillages ſont ceux de Dijon, de Bar-ſur-Seine, de Châtillon-ſur-Seine, de Nuits, de Beaulne, de S. Jean de Loſne & d'Auxonne, puis ceux d'Auxerre, d'Avalon, de Saulieu, de Semur en Auxois, d'Arnay-le-Duc, d'Autun, de Bourbon Lanci, de Montcenis, de Charolles, de Semur en Brionnois, de Châlons, de Mâcon.

D. *Quelles ſont les trois Elections de la Generalité de Dijon?*

R. Ces Elections ſont celles de Breſſe, Bugey & Valromey Pays autrefois à la Savoye : mais échangez en 1601. par Henry IV. pour le Marquiſat de Saluces, avec l'Election de Gex. Ces Elections ont été unies au Gouvernement & à la Generalité de Bourgogne, & ſont une eſpece de Pays d'Etats.

D. *Quelles ſont les Villes principales de cette Generalité?*

R. Dijon qui en eſt la Capitale eſt une Ville riche, grande & bien peuplée, & le Siege d'un Parlement & même d'un Evêché établi depuis peu d'années. Auxerre, Autun, Châlons, Mâcon & le Bellay ſont des Villes Epiſcopales. Bourg eſt la Capitale de la Breſſe; & Bourbon Lanci eſt connu par ſes Eaux minérales.

D. *N'y a-t'il pas quelque Principauté enclavée dans cette Generalité?*

R. On y trouve la Principauté ſouveraine de Dombes qui ſe diviſe en pluſieurs Châtellenies, & dont les Villes principales ſont

Thoiſſey, S. Trivier de Dombes & Trevoux, qui en eſt la Capitale.

D. *Comment diviſez vous la Franche Comté ?*

R. La Franche-Comté ou Comté de Bourgogne eſt une Province que le Roy Loüis XIV. a conquiſe deux fois ſur les Eſpagnols. Elle ſe diviſe de deux manieres ; ou en quatre grands Baillages, ou en quatorze petits Baillages.

D. *Marquez la premiere diviſion.*

R. Les quatre grands Baillages ſont ceux d'Amont ou de Gray, de Beſançon, du Milieu ou de Dole, & d'Aval ou de Salins, dont chacun ſe diviſe encore en d'autres Baillages particuliers.

D. *Diviſez la Franche-Comté en ſes quatorze petits Baillages.*

R. De ces quatorze Baillages il y en a ſept au Nord & ſept au midi. Les premiers ſont ceux de Beſançon

sançon Capitale de la Province & le Siege d'un Archevêché & d'un Parlement: de Gray, de Vesoul, de Baume, de Dole, d'Ornans & de Quingey, qui portent le nom de leurs Villes principales.

D. *Qui sont les sept Baillages du midi de la Franche-Comté?*

R. Ces Baillages sont ceux de Salins, celebre par ses salines, Arbois renommé pour ses bons vins, Pontarlier, Lons le Saunier, Poligni, Orgelet & la Judicature de Saint Claude, avec des Villes du même nom.

XXI. LEÇON.

Suite de la France.

Demande. *EXpliquez les Generalitez de la partie méridionale de la France?*

Reponse. La Generalité de Limoges se divise en cinq Elections, sçavoir, celle de Limoges Ville Episcopale assez marchande, Tulles, avec le Siege d'un Evêque, Brive, nommée la Gaillarde, pour la beauté de sa situation, Bourganeuf dans la Marche, & Angoulême Capitale de l'Angoumois.

D. *Que contient la Generalité de Lyon ?*

R. La Generalité de Lyon qui est assez fertile, ne contient aussi que cinq Elections, qui sont celles de Lyon, de S. Etienne, de Montbrison, de Roanne & de Ville-Franche en Beaujolois.

D. *Que remarquez vous de considerable dans cette Generalité ?*

R. La Ville de Lyon est l'une des plus considérables du Royaume, soit par son Eglise à laquelle est attachée la Primatie de la plus grande partie des Eglises de France, soit par son commerce l'un des plus considérables de l'Europe, soit enfin par ses Manufactures qui se répandent en France & dans les Pays Etrangers.

D. *Qui sont les autres choses remarquables de la Generalité de Lyon?*

R. Saint Etienne est distingué par la fabrique des armes & par plusieurs autres ouvrages de fer & d'acier, Montbrison Capitale du Forêt est une assez bonne Ville. C'est à Roanne que la Loire commence à être navigable, & Ville-franche n'a de considérable que d'être la Capitale du Beaujolois.

D. *Que comprenez-vous sous la Generalitè de Bordeaux?*

R. La Generalité de Bordeaux qui est assez fertile, ne contient que cinq Elections, sçavoir, celles de Bordeaux Capitale de toute la Guienne, de Perigueux, de Sarlat, d'Agen & de Condom. Ces quatre dernieres ont le titre d'Evêché, & Bordeaux celui d'Archevêché.

D. *Que trouvez-vous de remarquable dans cette Generalité?*

R. Bordeaux Ville extremement

commerçante ſur la Garonne, reçoit les plus gros Vaiſſeaux Marchands. Elle eſt le Siege d'un Archevêque, d'un Parlement, & d'une Univerſité. Blaye, Coutras, Libourne & Langon ſont auſſi des lieux aſſez conſiderez.

D. *Que remarquez-vous encore dans la Generalité de Bordeaux ?*

R. Perigueux eſt une aſſez bonne Ville, Capitale du Perigord. Sarlat n'eſt pas ſi conſiderable, non plus que Bergerac ; Agen & Condom ſont d'aſſez bonnes Villes, Baſas a le titre d'Evêché, & Nerac eſt la Capitale du Pays d'Albret.

XXII. LEÇON.

Suite de la France.

Demande. *Continuez l'explication des Generalitez de la partie méridionale de la France.*

Reponſe. La Generalité d'Auſch, qui eſt fort étenduë, & d'un Pays fort varié & inégal, contient ſeize

Elections ou quartiers, dont huit ſont au levant, & huit ſont au couchant de la Generalité.

D. *Qui ſont les Elections ou quartiers qui ſont au levant de la Generalité d'Auſch ?*

R. Ce ſont Auſch Capitale de l'Armagnac, la Lomagne, Verdun, Aſterac, dont Mirande eſt le Chef-lieu, les Pays de Comminges & de Conſerans, le Nebouzan, le Comté de Bigorre, les quatre Vallées.

D. *Qui ſont les Elections ou quartiers du couchant de la Generalité d'Auſch ?*

R. Ce ſont les Landes pays ſec & ſterile, le Pays de Marſan, le Chaloſſe, le Gabardan, le pays de Labourd où eſt Bayonne, le Bearn, où eſt Pau, la baſſe Navarre, & le Pays de Soule.

D. *Qui ſont les Villes les plus diſtinguées de cette Generalité ?*

R. Ce ſont pour la partie du levant, Ausch, qui en est la Capitale, avec un riche Archevêché, Lectoure, Ville Episcopale, Lombez & S. Bertrand, toutes deux Evêchez aussi-bien que S. Lizier, Tarbes Evêché est la principale Ville du Bigorre.

D. *Quelles Villes principales remarque-t'on dans la partie occidentale de la Generalité d'Ausch?*

R. Dax Ville & Evêché, Tartas & Albret sont dans les Landes, Bayonne Ville Episcopale très commerçante avec un assez bon Port. S. Jean de Luz Bourg celebre avec un Port; Mont de Marsan & Gabaret, Pau avec un Parlement est la Capitale du Bearn, dont l'Escar & Oleron sont les Villes Episcopales, & S. Jean pied-de-port est la Capitale de la basse Navarre.

D. *Que comprend-on sous la Generalité de Montauban?*

R. Cette Generalité comprend deux petites Provinces, sçavoir, le Querci & le Rouergue, composée chacune de trois Elections.

D. *Marquez-nous ces Elections ?*

R. Les Elections du Querci pays assez fertile, sont Montauban, Cahors & Figeac ; celles du Rouergue pays rude & sterile sont Ville-franche, Rodez & Milhau.

D. *Que remarquez-vous dans la Generalité de Montauban ?*

R. Il y a peu de choses remarquables : Cahors Ville Episcopale est la Capitale du Querci ; mais Montauban avec un Evêché en est la meilleure Ville ; Rodez est la Capitale du Rouergue avec le Siege d'un Evêque ; Ville-franche est beaucoup meilleure ; Vabres est aussi une petite Ville Episcopale.

XXIII. LEÇON.

Suite de la France.

Demande. *Comment se divise le Languedoc ?*

Reponse. Comme Gouvernement Militaire il se divise en haut & en bas Languedoc & en Pays des Cevennes ; & comme Gouvernement Civil il se divise en deux Generalitez, sçavoir celle de Toulouse, & celle de Montpellier, qui sont ordinairement sous le même Intendant, & composent en tout 23. Dioceses.

D. *Marquez les Dioceses de la Generalité de Toulouse ?*

R. La Generalité de Toulouse comprend presque tout le haut Languedoc & contient onze Dioceses, sçavoir, ceux de Toulouse, d'Albi, de Lavaur, de Castres, de Rieux, de S. Papoul, de Mirepoix, de Carcassonne, d'Alet, avec partie de ceux de Montauban & de Comminge.

D. *Qui sont les Dioceses de la Generalité de Montpellier ?*

R. Cette Generalité renferme dix Evêchez pour le bas Languedoc,

doc, & trois pour les Cevennes & le Vivarais, ſçavoir pour le premier Narbonne, Saint Pons, Beziers; Agde, Lodeve, Montpellier, Niſmes, Alais & Uſez.

D. *Quels Dioceſes contiennent les Cevennes?*

R. Les Cevennes, pays rude & montueux, renferment les Villes & Dioceſes de Mende & du Puy; & le Vivarais, renferme Viviers ſur le Rhoſne, qui eſt ſa Capitale.

D. *Quelles ſont les Villes remarquables du Languedoc?*

R. Quoique la Preſidence des Etats ſoit attachée à l'Archevêque de Narbonne; cependant la Ville ne répond point à ſa dignité; Toulouſe dont l'Archevêque eſt Vice-Preſident des Etats, eſt bien plus conſiderable; elle a un Parlement & une Univerſité, & paſſe pour la Capitale de la Province.

D. *Qui ſont les autres Villes de cette Province?*

R. Albi est le Siege d'un Archevêque ; Carcassonne a de belles Manufactures de draps, Limoux est celebre pour ses bons vins ; Castelnaudari est une assez belle Ville, aussi-bien que Pezenas ; Montpellier a une celebre Université pour la Medecine ; Nismes est une Ville assez marchande.

D. *Que remarquez-vous encore dans le Languedoc ?*

R. Ce qu'il y a de remarquable est que le Languedoc est un Pays d'Etats, où les Impositions, qui sont réelles & non arbitraires, se font par ordre des Députez de la Province. L'on trouve encore dans cette Province le Canal rendu navigable le 19. May 1681, & qui joint l'Ocean à la Méditerranée.

D. *Expliquez-nous la Generalité de Grenoble.*

R. Elle contient le Dauphiné, autrefois Pays d'Etats, dont le premier fils de France porte le nom de Dauphin depuis l'an 1349, & ſe diviſe en haut & en bas Dauphiné, qui ſe partagent encore en pluſieurs petits cantons, qui ſont en tout ſix Elections.

D. *Quelles ſont ces Elections?*

R. Ces Elections ſont celles de Grenoble, de Vienne, de Romans, de Valence, & de Montelimart ſur le Rhoſne, & de Gap Ville Epiſcopale dans le haut Dauphiné.

D. *Quelles ſont les Villes principales du Dauphiné?*

R. Les Villes du haut Dauphiné ſont Grenoble, qui en eſt la Capitale avec titre d'Evêché, Briançon ſur une très haute montagne, Ambrun Archevêché, & Gap Ville Epiſcopale.

D. *Quelles ſont les Villes du bas Dauphiné?*

R. Les Villes du bas Dauphiné ſont Vienne Archevêché ſur le Rhoſne, Pont-Beauvoiſin, avec

Valence, Die & S. Paul Tricaſtin, qui ſont trois Villes Epiſcopales.

XXIV. LEÇON.

Suite de la France.

Demande. *Comment diviſez-vous la Provence ?*

Reponſe. Cette Generalité ou Gouvernement qui a titre de Comté, eſt une eſpece de Pays d'Etats, où l'air eſt doux & très agréable ; il ſe diviſe en haute & en baſſe Provence qui comprennent en tout douze Senechauſſées, dont Aix eſt la Capitale.

D. *Combien y a-t'il de Senechauſſées dans la haute Provence ?*

R. Il y en a quatre, ſçavoir, celles de Forqualquier, de Ciſteron, de Digne & de Caſtelane, dont les Villes principales ſont Forçalquier Ville & Comté, Apt avec Evêché, Ciſteron & Digne Villes Epiſcopales, avec Senez, Riez,

Glandeves, qui ont le titre d'Evêchez, & Castelane.

D. *Quelles sont les Senechaussées de la basse Provence ?*

R. Il y en a huit, sçavoir, de Grasse, de Draguignan, d'Hieres, de Toulon, de Brignoles, d'Aix, de Marseille & d'Arles, avec des Villes de même nom, dont les plus considérables sont, Aix Capitale de la Province, avec un Archevêque & un Parlement, Toulon Ville forte & l'un des plus beaux Ports qu'il y ait sur la Mediterranée, Marseille avec un Port où sont les Galeres du Roy.

D. *La Provence n'a-t'elle pas encore une autre division ?*

R. Pour la facilité des Impositions, la Provence se divise encore en 23. Vigueries ou Comtez, & en terres adjacentes, ce qui contient un certain nombre de feux, c'est-à-dire, de portions de terres au moyen desquelles on est taxé.

D. *Que comprenez-vous dans le Rouſſillon ?*

R. Ce Gouvernement ſe diviſe en Vigueries de Perpignan, de Conflent & en Cerdaigne Françoiſe, dont les Villes principales ſont Perpignan Ville forte avec Evêché & un Conſeil Souverain ; Elne autrefois Evêché, Salces & Collioures Places fortes.

D. *La Generalité de Rouſſillon ne comprend-elle pas quelque autre pays ?*

R. Cette Generalité comprend encore le Gouvernement de Foix, le Dounesan & le Val d'Andorre, qui ſont dans les Monts Pyrenées. C'eſt un pays d'Etats, qui a pour Capitale Foix, dont les Comtes ont été fort celebres, & dont Pamiers eſt la Ville Epiſcopale.

D. *Quelles ſont les Principautez enclavées dans la France ?*

R. Ces Principautez ſont le Comtat Venaiſſin au Pape, où ſont Avignon avec Archevêché, Vaiſon, Cavaillon & Carpentras Villes Epiſcopales. Orange eſt une autre Principauté avec ſa Ville, mais réünies à la France après la mort de Guillaume III. Roy d'Angleterre. La Principauté de Dombes enclavée dans la Breſſe, a Trevoux pour Capitale.

D. *La France ne poſſede-t'elle pas d'autres Terres?*

R. La France poſſede encore beaucoup de Terres & d'Iſles en Amerique, quelques Iſles ſur les côtes d'Afrique, & quelques Forts en Aſie dont nous parlerons dans la ſuite.

A la fin de la ſemaine faire repeter les ſix dernieres Leçons.

XXV. LEÇON.

Provinces des Pays-bas.

Demande. *QU'entendez-vous par les Provinces des Pays-bas?*

Reponse. Ces Provinces qui ſont au nombre de dix-ſept, ſoumiſes aujourd'hui à pluſieurs Souverains, ſont au nord de la France & au couchant de l'Allemagne. Elles ſe diviſent en Provinces-unies, en Pays-bas Autrichiens, & en Pays-bas François.

D. *Combien comptez-vous de Provinces-unies?*

R. Il y en a ſept, que l'on nomme auſſi les Etats Generaux des Provinces-unies ou d'Hollande, ſçavoir, Gueldres & Zutphen, la Hollande, la Zelande, Utrecht, Friſe, Overiſſel, & Groningue, auxquelles on joint quelques Conquêtes qui ſont le Brabant Hollandois, la Flandre Hollandoiſe, & une partie du Limbourg.

D. *Les Etats Generaux n'ont-ils pas encore d'autres Domaines?*

R. Ils poſſedent encore quelques Iſles en Amerique, mais beaucoup davantage dans l'Aſie méridionale, où ils font un très grand commerce.

D. *Qui sont les principales Villes des Provinces-unies?*

R. Ces Villes sont Amsterdam la Ville la plus commerçante de l'Europe, Rotterdam, Leyde, Delft & la Haye qui sont de la Province d'Hollande. Middelbourg, Flessingue & Ziriczée dans la Zelande, & Nimegue dans la Gueldres.

D. *Quelles sont les autres Villes des Provinces-unies?*

R. Ce sont Utrecht très grande Ville dans la Province du même nom, avec une Université, Leuvarde & Franecker dans la Frise, Deventer dans l'Overissel, & Groningue dans la Province du même nom, qui a aussi une Université.

D. *Qui sont les Villes des Conquêtes des Provinces-unies?*

R. Les Villes des Conquêtes

ſont Boſleduc, Grave & Breda dans le Brabant, Maſtricht dans le territoire de Liege, l'une des plus fortes Places de l'Europe, l'Ecluſe, & Hulſt dans la Flandre, & Walkembourg dans le Duché de Limbourg.

XXVI. LEÇON.

Suite des Pays-bas.

Demande. *QUi ſont les Provinces des Pays-bas Autrichiens?*

Reponſe. Ces Provinces ſont le Duché de Brabant, le Marquiſat du S. Empire, la Seigneurie de Malines, les Duchez de Limbourg, de Luxembourg & de Gueldres, avec les Comtez de Flandre, de Haynault, & de Namur.

D. *Quelles ſont les principales Villes des Pays-bas Autrichiens?*

R. Ces Villes ſont Bruxelles Capitale de toutes ces Provinces, Louvain avec Univerſité, Anvers avec Evêché, Ville très riche & très bien bâtie, Malines Archevêché, Limbourg, Luxembourg Ville très forte, Ruremonde, Gand, Bruges, Ostende, Nieuport, & Ypres, avec Mons, Namur, & Tournay.

D. *Que la France possede-t'elle dans les Pays-bas ?*

R. Elle y possede tout l'Artois, une partie de la Flandre & du Haynault, dont nous avons déja parlé.

DE LA LORRAINE.

D. *Qui sont les Etats du Duc de Lorraine ?*

R. Ces Etats se divisent en Duché de Lorraine, qui est une Souveraineté indépendante, & en Duché de Bar, qui est un Fief mouvant de la Couronne & du Ressort du Parlement de Paris.

D. *Comment divisez-vous le Duché de Lorraine ?*

R. Il se divise en Lorraine propre & en pays annexez. La Lorraine propre contient trois Baillages, ſçavoir, ceux de Nanci ou Baillage François, de Vaudrevange ou Baillage Allemand, & de Mirecourt ou Baillage de Voſge.

D. *Qui ſont les principales Villes de la Lorraine?*

R. Ce ſont Nanci qui en eſt la Capitale, Luneville lieu de la réſidence du Souverain, Mirecourt, Eſpinal, Remiremont & Vaudrevange. Les Pays annexez, ſont le Comté de Vaudemont & la Seigneurie de Commercy.

D. *Diviſez le Duché de Bar.*

R. Ce Duché ſe diviſe en quatre Baillages, ſçavoir, ceux de Bar, de Baſſigni, de S. Mihel, & de Clermont, où ſont les Villes de Bar, de S. Mihel, de Pont-à-mouſſon avec Univerſité, & de Clermont.

XXVII. LEÇON.

DE L'ESPAGNE.

Demande. *Divisez le Royaume d'Espagne.*

Reponse. Le Royaume d'Espagne se peut diviser de plusieurs manieres, 1°. En Royaume de Castille & en Royaume d'Arragon, 2°. En Provinces Ecclesiastiques, 3°. En partie septentrionale & en partie méridionale ; mais nous suivrons cette derniere comme la plus usitée.

D. *Combien la partie septentrionale contient-elle de Provinces?*

R. La partie septentrionale d'Espagne contient huit Provinces, sçavoir, la Navarre, Leon, Castille vieille, Arragon, la Gallice, Principauté des Asturies, Biscaye & Catalogne, dont les quatre premieres ont eu autrefois le titre de Royaume.

D. *Quelles sont les Provinces de*

la partie méridionale de l'Espagne.

R. Ces Provinces au nombre de six sont la Castille nouvelle, l'Andalousie, Valence, Murcie, Grenade, dont les trois dernieres ont eu titre de Royaume, aussi-bien que les Isles Mayorque & Minorque.

D. *Quelles sont les Villes principales de l'Espagne septentrionale ?*

R. Pampelune est la Capitale de la Navarre, Leon l'est de la Province du même nom, & Salamanque avec Université : la Castille vieille a Burgos, Valladolid & Segovie. L'on trouve dans l'Arragon Sarragoce Capitale & Tarraçone.

D. *Quelles sont les autres Villes de l'Espagne septentrionale ?*

R. Ce sont S. Jacques de Compostel dans la Gallice, Oviedo dans les Asturies, Bilbao & Saint Sebastien dans la Biscaye : la Catalogne grande & fertile Province a pour Villes principales Barcelonne, Gironne, Lerida, Tergone & Tortose.

D. *Quelles sont les Villes principales de la partie méridionale de l'Espagne?*

R. Ces Villes sont, pour la Castille nouvelle Madrit, grande, bien bâtie, & la Capitale de toute l'Espagne: Tolede autrefois Capitale avec un riche Archevêché; Alcala avec Université; l'Escurial Maison Royale des Rois d'Espagne.

D. *Marquez les autres Villes de l'Espagne méridionale.*

R. Dans l'Andalousie sont Seville, Cadix, Ville très commerçante, Gibraltar occupée par les Anglois & Cordouë, Valence & Alicante sont dans la Valence, Murcie dans la Province de même nom avec Cartagene, Grenade & Malaga; Mallorque est la Capitale de l'Isle Mayorque: Port-mahon dans l'Isle Minorque est aux Anglois.

XXVIII. LEÇON.

Suite de l'Espagne.

Demande. *QUelles sont les Provinces Ecclesiastiques de l'Espagne?*

Reponse. Il y en a huit soumises à autant d'Archevêchez, qui sont ceux de Tolede Primat de toute l'Espagne, Burgos, Compostel, Seville, Grenade, Sarragoce, Terragone & Valence, qui ont sous eux quarante-quatre Evêques.

D. *Quelles sont les Rivieres de l'Espagne?*

R. Les Rivieres principales de l'Espagne, qui toutes y ont leur source, sont le Minho, le Douro, le Tage, la Guadiana & le Guadalquivir qui se déchargent dans le grand Ocean; au lieu que l'Ebre, le Xucar & la Segura se déchargent dans la Méditerranée.

D. *Quelles sont les Montagnes de l'Espagne?* R.

R. Ces Montagnes ſont les Pyrenées qui ſéparent l'Eſpagne d'avec la France ; les Montagnes des Aſturies, & il s'en trouve encore beaucoup d'autres dans le Royaume de Leon, l'Eſtramadure, & dans la Caſtille nouvelle.

D. *Quelles ſont les Iſles de l'Eſpagne ?*

R. Les principales Iſles que poſſede l'Eſpagne, ſont les Iſles de Bayonne dans l'Ocean ſur les frontieres de Galice, avec quelques autres moins conſiderables; & dans la Méditerranée elle a encore les Iſles Mayorque, Minorque & Iviça. Elle y poſſedoit auſſi la Sardaigne en titre de Royaume, qui a été cedé au Duc de Savoye.

D. *L'Eſpagne ne poſſede-t'elle rien hors de ſon continent ?*

R. Elle poſſede encore pluſieurs Places & quelques Iſles en Afrique: pluſieurs Iſles dans l'Aſie, & de grands Domaines dans l'Amerique, dont nous parlerons dans la ſuite.

XXIX. LEÇON.

LE PORTUGAL.

Demande. *QU'eſt-ce que le Portugal?*

Reponſe. Le Portugal eſt un Royaume hereditaire qui a été détaché pluſieurs fois de l'Eſpagne, & qui ſe diviſe en Portugal propre & en Algarve qui a eu autrefois le titre de Royaume.

D. *Quelles Provinces contient le Portugal propre ?*

R. Le Portugal propre contient cinq quartiers ou petites Provinces, ſçavoir, l'Entre-Douro & Minho, Tra-los-Montes, Beira, l'Eſtramadure & l'Alentejo.

D. *Quelles ſont les principales Villes de ces cinq quartiers ?*

R. Ce ſont Liſbonne Archevêché & Capitale de l'Eſtramadure

& de tout le Royaume, Ville riche, marchande & bien peuplée ſur le Tage & à deux lieuës de la mer. Bragua Ville Archiepiſcopale; Porto, Lamego, Mirande, Viſeo, Guarda, Conimbre avec Univerſité, Leiria, Portalegre, Elvas, qui toutes ont un Evêché.

D. *N'y a-t'il pas encore quelques Villes dans ces cinq quartiers?*

R. On y trouve encore Ponte de Lima, Guimaranès, Bragance, Aveiro, Almeida, Caſtel-blanco, Setubal, & Beja.

D. *Que contient l'Algarve?*

R. L'Algarve, aſſez petite Province ſur la mer, a pour Villes Tavira Capitale, Faro Ville Epiſcopale, Lagos, Villa-nova, & le Bourg de S. Vincent.

D. *Le Portugal ne poſſede-t'il point d'autres Domaines?*

R. Il poſſede encore les Iſles Açores ou Terceres, & quelques

Places en Afrique, quelques Villes en Asie, & le Bresil en Amerique, d'où il tire sa principale richesse.

SAVOYE.

D. *Qu'est-ce que la Savoye?*

R. La Savoye est une Principauté Souveraine, qui se divise en six parties, sçavoir, les Duchez de Genevois, de Chablais & de Savoye, les Comtez de Tarantaise & de Maurienne, & la Baronie de Faussigny.

D. *Qu'elles en sont les principales Villes?*

R. Ces Villes sont Chamberi Capitale où est le Parlement de Savoye, Annecy Ville Episcopale, Montmelian, Moutiers Archevêché, & S. Jean de Maurienne Ville Episcopale.

XXX. LEÇON.

DE L'ITALIE.

Demande. *QU'est-ce que l'Italie?*

Reponse. L'Italie est une des plus belles & des plus considerables Regions de l'Europe en forme de presqu'Isle, bornée au nord par les Alpes, & de tous les autres côtez par la mer Méditerranée.

D. *Comment divisez-vous l'Italie?*

R. L'Italie se divise en trois parties, sçavoir, en partie septentrionale, en partie du milieu, & en partie méridionale, qui toutes se partagent encore en divers Etats & Principautez.

D. *Quels sont les Etats de l'Italie septentrionale?*

R. Ces Etats sont le Piemont, le Montferrat, la Republique de Gennes & celles de Lucques, les

Duchez de Milan, de Parme & Plaisance, de Mantouë, de Modene, & de la Mirandole, avec les Etats de la Republique de Venise.

D. *Quels Etats comprend la partie du milieu de l'Italie?*

R. Ce sont le grand Duché de Toscane & les Etats de l'Eglise, dont les derniers sur-tout se divisent en plusieurs Principautez.

D. *Quels sont les Etats de la partie méridionale de l'Italie?*

R. Cette partie ne contient que les Royaumes de Naples & de Sicile, plus considerables par leur ancienne réputation que par leur étenduë ou leur revenu.

D. *Expliquez les Etats de l'Italie septentrionale.*

R. Le Piemont qui se presente le premier se divise en quatre parties, sçavoir, le Piemont propre, le Duché d'Aouste, le Comté de

Nice, & la Seigneurie de Verceil.

D. *Quelles ſont les principales Villes du Piemont ?*

R. Ces Villes ſont Turin Capitale du Piemont, où reſide le Souverain, avec titre d'Archevêché, Ivrée, Pignerol, Mondovi, Foſſano, Saluces, Aſti, Aouſte, Nice avec un Port de mer, & Verceil.

D. *Qu'eſt-ce que le Montferrat ?*

R. Le Montferrat eſt un Duché, qui ſe diviſoit autrefois en Montferrat Savoyard & en Montferrat Mantoüan ; mais aujourd'hui il appartient au même Prince, qui eſt auſſi Roy de Sardaigne. Sa Capitale eſt Caſal, Ville demantelée, Trino, Albe & Acqui.

La repetition ſe doit faire au bout de la ſemaine des ſix dernieres Leçons.

XXXI. LEÇON.

Suite de l'Italie.

Demande. *Comment divisez-vous la Republique de Gennes ?*

Reponse. Les Etats de la Republique de Gennes, qui d'un côté sont bornez par la mer, & de l'autre par le commencement du Mont Apennin, se divisent en partie occidentale & en partie orientale. Gennes, Ville très magnifique & très marchande en est la Capitale, avec un beau Port sur la Mediterranée.

D. *N'y a-t'il point d'autres Villes dans l'Etat de Gennes ?*

R. On y trouve encore Savone qui avoit autrefois un assez bon Port, Noli, Vintimiglia & Albenga Villes Episcopales : outre Monaco & Finale enclavez dans les Etats de Gennes ; mais la premiere est sous la protection de la France,

France, & Finale appartient à l'Empereur.

D. *Que contient la Republique de Lucques?*

R. Cette Republique, qui eſt d'une étenduë très modique, n'a de conſiderable que Lucques Ville Epiſcopale, aſſez peuplée & aſſez marchande.

D. *Comment diviſez-vous le Duché de Milan?*

R. Ce Duché, l'un des plus conſiderable de l'Europe, ſe diviſe en treize Territoires, qui ſont ceux de Milan, de Pavie, de Novarre, de Come, de Lodi, de Cremone, de Tortone, d'Alexandrie, du Comté d'Anghierre, de Laumelline, de Bobio, de Vigevano, & des Vallées de Seſſia.

D. *Quelles ſont les principales Villes du Milanois?*

R. Ces Villes ſont Milan défenduë par un bon Château : elle eſt grande, riche, bien peuplée, & a le titre d'Archevêché; Pavie, Novarre, Come, Lodi, Cremone, & Tortone, sont les Villes Episcopales des Territoires dont elles portent le nom.

D. *Quelles sont les autres Villes du Milanois?*

R. Les autres sont Alexandrie Ville Episcopale, qui est au Roy de Sardaigne, Anghiera, Bobio avec Evêché, Vigevano & Valence Capitale de Laumelline; les autres Villes portent le nom de leur Territoire.

D. *Qu'est-ce que le Duché de Parme?*

R: C'est une Principauté qui se divise en Duché de Parme & en Duché de Plaisance, dont les Villes principales sont Parme & Plaisance Villes Episcopales, belles & assez peuplées. Borgo san Donino, Capitale d'un autre petit Etat appartient aussi au Duc de Parme.

XXXII. LEÇON.

Suite de l'Italie.

Demande. *QUe comprend l'Etat de Mantouë ?*

Reponse. Cet Etat comprend le Duché de Mantouë propre, pays assez fertile, les Duchez de Guastalla & de Sabioneta, avec la Principauté de Castiglione & quelques autres peu considerables. La Capitale est Mantouë belle Ville Episcopale, au milieu d'un Lac. Guastalla & Sabioneta sont deux autres petites Places.

D. *Que comprenez-vous dans l'Etat de Modene ?*

R. Cet Etat qui est assez fertile se divise en Duché de Modene & en Duché de Reggio, qui sont des Villes Episcopales de même nom, & qui sont assez belles & assez marchandes.

D. *Qu'est-ce que le Duché de la Mirandole ?*

R. C'eſt un Etat fort petit, & qui n'a de Villes principales que la Mirandole & Concordia.

D. *Expliquez maintenant les Etats de la Republique de Veniſe.*

R. Cette Republique, l'une des plus conſidérables de l'Europe eſt fort étenduë & comprend quatorze quartiers ou petites Provinces, dont ſept ſont au couchant, & ſept au levant. Elle a Veniſe pour Capitale.

D. *Quelles ſont les Provinces de la Republique de Veniſe qui ſont au couchant?*

R. Ces Provinces ſont le Bergamaſc, le Cremaſc, le Breſſan, le Veronois, le Vicentin, le Padouan, & le Poleſin de Rovigo.

D. *Quelles ſont les Villes principales de ces Provinces?*

R. Ces Villes ſont Bergame aſſez forte & aſſez marchande, Creme, Breſſe, Verone aſſez grande, mais mal peuplée, Vicence, Padouë avec une celebre Université, & Rovigo ; toutes ces Villes ont le titre d'Evêchez.

D. *Marquez les Provinces de la Republique de Venise, qui sont au levant.*

R. Ces Provinces au nombre de sept, sont le Dogado, la Marche Trevisane, le Feltrin, le Bellunese, le Cadorin, le Frioul & l'Istrie Venitienne sur la partie orientale du Golfe de Venise.

D. *Quelles en sont les Villes les plus considerables?*

R. C'est Venise, la Capitale de tous les Etats de cette Republique, & la Ville la plus singuliere, la plus belle, & la plus peuplée de l'Italie avec un Archevêque qui a le titre de Patriarche. On y trouve encore Trevise, Feltri, Belluno, Villes Episcopales, Udine dans le Frioul, & Capo d'Istria avec Evêché.

D. *La Republique de Venise ne possede-t'elle pas d'autres Terres ?*

R. Sur la rive orientale de la mer Adriatique elle possede encore la Morlaquie, dont Zeng est la Capitale, & une partie de la Dalmatie où sont Spalatro & Zara Villes Archiepiscopales, quelques Isles, avec celles de Corfou, Sainte Maure, Cefalonie, & Zante.

XXXIII. LEÇON.

Suite de l'Italie.

Demande. *MArquez - nous les Etats de la partie du milieu de l'Italie ?*

Reponse. Ces Etats sont le grand Duché de Toscane & l'Etat Ecclesiastique, dont le premier se divise en trois quartiers ou Provinces, sçavoir, le Florentin, le Pisan, & le Siennois.

D. *Quelles sont les principales Villes du Duché de Toscane ?*

R. Florence Capitale de ce Duché est une Ville grande, belle, & bien bâtie, avec un Archevêché & une Université. Pise Archevêché & Université; Livourne avec un bon Port, Sienne Archevêché & Université.

D. *Qu'entendez-vous par l'Etat Ecclesiastique?*

R. Ce sont les Principautez temporelles possedées par le S. Siege, comprises en 12. Provinces, dont six sont au septentrion, & six sont au midi.

D. *Quelles sont les Principautez de l'Etat Ecclesiastique qui sont au septentrion?*

R. Ces Principautez sont la Legation de Ferrare, pays très fertile; la Legation de Boulogne très abondante, la Romagne, où est enclavée la petite Republique de S. Marin, le Duché d'Urbin mal sain & peu fertile, le Perugin & la Marche d'Ancone assez bon pays.

D. *Quelles ſont les principales Villes de ces ſix Principautez?*

R. Ferrare grande Ville, mais deſerte, & Comachio, Boulogne, riche & fort commerçante, Ravenne Ville très ancienne, Rimini, Urbin avec Archevêchê, Peſaro, Perouſe, Ancone & Loreta, toutes trois avec le titre d'Evêchez.

D. *Quelles ſont les Provinces qui ſont au midi de l'Etat Eccleſiaſtique?*

R. Ces Provinces ſont l'Orvietano, le Duché de Caſtro, Ombrie ou Duché de Spolete, le Patrimoine de S. Pierre, la Campagne de Rome, & la Sabine. On pourroit y joindre Benevent, enclavé dans le Royaume de Naples.

D. *Qui ſont les principales Villes de ces ſix dernieres Provinces?*

R. Ce ſont Orvieto, Caſtro, Spolete, Viterbe qui eſt dans le Patrimoine de S. Pierre, auſſi-bien que Porto & Civita-vecchia: & Rome non seulement la Capitale de l'Etat Ecclesiastique & de la Campagne de Rome, mais aussi de tout le monde Chrétien.

XXXIV. LEÇON.

Suite de l'Italie.

Demande. *EXpliquez les parties méridionales de l'Italie.*

Reponse. Ces parties sont le Royaume de Naples & celui de Sicile, dont le premier se divise en quatre grandes Provinces qui se partagent ensuite en plusieurs quartiers ou Provinces moins considerables.

D. *Qui sont ces quatre grandes Provinces?*

R. Ces quatre Provinces sont l'Abbruzze, la Terre de Labourd, l'Appouille, & la Calabre, qui se subdivisent chacune en trois autres petites Provinces.

D. *Quelles sont les Provinces & les Villes de l'Abbruzze?*

R. Ce sont l'Abbruzze ulterieure, l'Abbruzze citerieure, & le Comté de Molise; la premiere a pour Villes Aquila, Atri, & Teramo; dans la seconde sont Civita di Chieti, Lanciano, & Sulmona, & le Comté de Molise a Molise, Trivento & Isernia.

D. *Quelles Villes & Provinces contient la Terre de Labourd?*

R. La Terre de Labourd contient la Terre de Labourd propre, avec la Principauté ulterieure & la Principauté citerieure, dont les Villes principales sont Naples Capitale de tout le Royaume, grande & riche avec un beau Port sur la méditerranée, Capouë, Gaëte, & Monte-Cassino.

D. *Quelles sont les autres Villes de ces Provinces?*

R. Dans la Principauté ulterieure sont Monte-marano, & Conza,

& l'on y trouve auſſi Benevent Duché & Archevêché qui appartient au Pape : dans la Principauté citerieure ſont Salerne & Amalfi.

D. *Quelles Provinces & quelles Villes comprend l'Appoüille ?*

R. Elle comprend la Capitanate, la Terre de Bary & la Terre d'Otrante, où ſont Lucera, Manfredonia, Bari, Trani, Otrante, & Tarente.

D. *Que comprenez-vous dans la Calabre ?*

R. J'y comprens la Baſilicate, la Calabre citerieure & la Calabre ulterieure, dont les Villes principales ſont Cirenza, Coſenza, Cantazaro & Reggio.

D. *Comment diviſez-vous la Sicile ?*

R. La Sicile qui eſt Iſle & Royaume ſe diviſe en trois Vallées, qui ſont celles de Demona, de Mazara, & de Noto. Elles ont pour

Villes principales Meſſine Capitale, grande, riche & commerçante, Palerme grande Ville avec un Port de mer, & Syracuſe.

XXXV. LEÇON.

Suite de l'Italie.

Demande. *Qui ſont les Iſles de l'Italie ?*

Reponſe. Ces Iſles ſont la Sicile que nous venons d'expliquer, l'Iſle de Sardaigne en titre de Royaume, l'Iſle de Corſe, celles de Lipari, d'Elbe, de Malte, auxquelles on peut joindre Corfu, Sainte Maure, Cefalonie, Zante, & quelques autres moins grandes.

D. *Que contient l'Iſle de Sardaigne ?*

R. Ce Royaume aujourd'hui au Duc de Savoye, ſe diviſe en Cap Logudori & en Cap Cagliari : dans le premier eſt la Ville de Saſſari, & dans le ſecond Cagliari Capitale de l'Iſle avec un Archevêché & un Port de mer.

D. *Qu'est-ce que l'Isle de Corse?*

R. Cette Isle qui est aux Genois est coupée en deux par une chaîne de montagnes; dans la partie septentrionale on trouve la Bastia Ville Episcopale avec un bon Port; au lieu que Bonifacio & Adjasso sont dans la partie méridionale. L'Isle Capraia qui dépend de l'Isle de Corse, appartient aussi aux Genois.

D. *Quelles sont les autres Isles de l'Italie?*

R. L'Isle de Malte dépend de la Sicile, elle est aux Chevaliers de S. Jean de Jerusalem, & a pour Capitale la Valette la plus forte place de l'Univers. L'Isle d'Elbe à Porto-Longone; les Isles de Lipari n'ont de remarquable que Lipari.

D. *Quelles sont les Montagnes de l'Italie?*

R. Ce sont les Alpes qui séparent l'Italie d'avec la France, la Suisse & l'Allemagne; l'Appenin qui va du nord au ſud & coupe l'Italie en deux parties, dont l'une eſt à l'occident & l'autre à l'orient de cette chaîne de montagnes.

D. *Quels Lacs trouve-t'on en Italie?*

R. Les plus conſidérables ſont le Lac majeur & celui de Come dans le Milanois, le Lac de Guarda dans les Etats de Veniſe, le Lac de Perouſe dans le Perugin, avec ceux de Celano, de Leſina & de Varano dans le Royaume de Naples.

D. *Quelles ſont les Rivieres de l'Italie?*

R. Ces Rivieres ſont le Po, l'Adige, le Teſin, l'Arno, l'Adda, le Tibre; mais le Gariglian, le Volturno, le Candelaro, le Brandano, & l'Agri, ſont tous cinq dans le Royaume de Naples.

XXXVI. LEÇON.

TURQUIE EN EUROPE.

Demande. *QU'entendez-vous par la Turquie en Europe ?*

Reponse. Ce sont les Etats que le Grand Seigneur ou Empereur des Turcs possede en Europe qui se divisent en Provinces septentrionales & en Provinces méridionales.

D. *Quelles sont les Provinces septentrionales de la Turquie Européenne ?*

R. Il y en a neuf, sçavoir, la petite Tartarie, la Bessarabie, la Moldavie, la Valaquie, la Bosnie, la Croacie, dont l'Empereur possede une partie, la Dalmatie, la Bulgarie & la Romanie ; mais les quatre premieres sont plûtôt tributaires ou protegée par le Turc qu'elles ne sont dans son Domaine.

D. *Quelles sont les Villes principales de ces dix Provinces ?*

R. Ces Villes ſont Baccaſare, Or ou Przecop, Caffa, Oſzakow, Bender, Iazi, Tergowiſk, Jaïcza, Wihitz, Zeng, Narenta, Sophia, Conſtantinople Capitale de tout l'Empire Turc, Andrinople & Gallipoli.

D. *Quelles ſont les Provinces méridionales de la Turquie Européenne ?*

R. Il y en a ſept, ſçavoir, la Macedoine, l'Albanie, l'Epire, la Theſſalie, l'Achaie, la Morée & les Iſles.

D. *Qui ſont les Villes principales de ces ſept Provinces ?*

R. Les Villes principales ſont Salonichi autrefois Teſſalonique ſur la mer, Agios-Laura, Scutari, Durazzo, Jannina; Larta, Lariſſa, Tricala, Atines ou Fetines autrefois Athenes, Lepante, Stives, ou Thebes, Corinthe, Modon, Napoli di Romania & Malvaſia.

D.

D. *Quelles ſont les Iſles de la Turquie Européenne?*

R. Les plus conſiderables de ces Iſles ſituées dans l'Achipel ſont, Stalimene, Negrepont, Metelino, Sciro, Scio, Andro, Cerigo, & Candie, outre l'Iſle de Crete, avec pluſieurs autres petites Iſles moins conſiderables.

D. *Le Turc ne protege-t'il pas quelque Etat en Europe?*

R. Il accorde ſa protection à la petite Republique de Raguſe ſituée dans la Dalmatie ſur la rive orientale de la mer Adriatique, dont les Villes principales ſont Raguſe Capitale & Stagna grande, avec quelques Iſles.

A la fin de la ſemaine on doit faire la repetition des ſix dernieres Leçons.

XXXVII. LEÇON.

DE L'ASIE.

Demande. *Comment se divise l'Asie?*

Reponse. L'Asie se divise en Asie septentrionale, en Asie méridionale & en Isles, qui contiennent en tout dix parties, sçavoir, quatre dans l'Asie septentrionale, & six dans l'Asie méridionale.

TURQUIE ASIATIQUE.

D. *Qui sont les parties de l'Asie septentrionale?*

R. Ces parties sont la Turquie en Asie, la Georgie, la Siberie, & la grande Tartarie. La premiere contient quatre grandes Provinces, qui sont la Natolie, la Sourie, la Turcomanie, & le Diarbeck.

D. *Qui sont les Villes de ces quatre Provinces?*

R. Les Villes principales de la Turquie Asiatique sont Chiutaye,

Burse, Smyrne, Angoure, Comidia, Ephese, Sardes & Troyes dans la Natolie, Alep, Scanderone ou Alexandrette, Antioche, Damas, Jerusalem & Naplouse sont dans la Sourie.

D. *Marquez les autres Villes de ces Provinces?*

R. La Turcomanie ou Armenie majeure a pour Villes Erserum & Betlis; & le Diarbeck contient Diarbekir, Mosul, Bagdat, Balsora & Schieresul.

D. *Qu'est-ce que la Georgie?*

R. La Georgie ou Gurgistan est un Etat divisé en plusieurs petits Pays, qui sont entre la mer noire & la mer Caspienne. Ces Pays sont la Mingrelie, le Carduel, le Guriel, & l'Imerette.

SIBERIE.

D. *Comment divisez-vous la Siberie?*

R. La Siberie l'un des pays les

plus étendus de l'Asie septentrionale contient envron 800. lieuës du couchant au levant, & environ 300. du septentrion au midi. Elle se divise en Siberie occidentale & en Siberie orientale.

D. *Que contient la Siberie occidentale?*

R. Cette partie qui est entre le Lena & les Montagnes de Russie contient trois sortes de peuples, sçavoir, les Payens, les Tartares Mahometans & les Russes.

D. *Marquez les noms de ces divers peuples?*

R. Les peuples Payens sont les Samojedes, les Vogulitzes, les Ostiakes, les Tungusi & les Buratti, qu'on regarde comme les anciens habitans de la Siberie. Les Tartares sont les restes de ceux sur lesquels les Moscovites ont conquis la Siberie ; & les Russes sont les nouveaux habitans ou Moscovites

D. *Quelles ſont les Villes de cette partie de la Siberie ?*

R. Ces Villes ſont Tobolſk Capitale, où reſide le Gouverneur General, Tomſkoy & Jeniſea.

D. *Qu'entendez-vous par la Siberie orientale ?*

R. C'eſt la partie qui s'étend depuis le Fleuve Lena juſqu'à la mer orientale. Elle étoit preſque ignorée & a été reconnuë par ordre du feu Czar Pierre I. & contient principalement le Kamtzchatka qui y fait une preſqu'Iſle.

XXXVIII. LEÇON.

TARTARIE.

Demande. *QUe comprenez-vous ſous la Tartarie ?*

Reponſe. La Tartarie qui occupe la plus grande partie de l'Aſie ſeptentrionale s'étend depuis la mer de Zabache ou mer d'Aſof juſques à la mer orientale ou du Japon, ce qui contient plus de douze cens lieuës, & se partage en plusieurs sortes de Tartares.

D. *Marquez ces divers Tartares.*

R. Ils se divisent en Tartares proprement dits, en Kalmoucks, & en Moungales. Sous les premiers sont les Circassiens, les Daguestans & les Koubans les plus proches de l'Europe, entre la mer d'Asof & la mer Caspienne, & sont Tributaires de la Moscovie.

D. *Qui sont les autres Tartares proprement dits?*

R. Ce sont les Tartares Nagais à l'embouchure du Volga, les Bolgars; les Casatschia-Orda, les Cara-Calpakks, les Tartares de Chiva, & les Usbeks; ces derniers occupent la grande Boucharie, & le Charasim.

D. *Qui sont les Villes principales de ces Tartares?*

R. Leurs Villes principales sont Asof, Taman, Petigor, Terki, Tarcou, Astracan, Bolgar, Tur-

Kestan, Argens, Samarkand fort déchûë de ce qu'elle étoit autrefois, Buchara & Balk, toutes deux grandes & bien fortifiées.

D. *Qu'entendez-vous par les Tartares Calmoucks?*

R. Ce sont des Tartares Payens qui s'étendent depuis le Fleuve Jaïck jusques au Royaume d'Ava d'un côté, & de l'autre jusques au Jenisea. C'est à l'extremité de ces Etats que demeure le Dalai-Lama ou souverain Pontife des Tartares Calmoucks, & Moungales.

D. *Quelles sont les Villes de cette branche de Tartares?*

R. Comme leur Chan nommé Contaisch, habite sous des tentes, il y a peu de Villes considérables, si ce n'est dans la petite Boucharie, où sont Caschgar Capitale, avec Jerkeen & Luczin.

D. *Qui sont les Tartares Moungales?*

R. Ce sont des Tartares Payens

les plus orientaux entre la mer d'Orient, la grande muraille de la Chine, les Calmoucks & la Siberie. Leur pays a plus de 400. lieuës de l'ouest à l'est, & plus de 150. du nord au sud.

D. *Ces Moungales ne forment-ils pas plusieurs branches?*

R. Il s'en trouve plusieurs branches, dont les deux principales sont les Calcha-Moungales qui sont à l'ouest, & les Nieucheu-Moungales, ou Moungales de l'est. Ce sont ces derniers qui se sont rendus maîtres de l'Empire de la Chine, où ils regnent depuis près de 100. ans.

XXXIX. LEÇON.

ASIE MERIDIONALE.

Demande. *QUe comprenez-vous dans l'Asie méridionale?*

Reponse. On y comprend l'Arabie, la Perse, le Mogol, les Indes &

& la Chine qui ſe diviſent chacun en pluſiéurs Etats ou Provinces.

D. *Expliquez ce que c'eſt que l'Arabie.*

R. L'Arabie eſt une grande preſqu'Iſle, qui ſe diviſe en trois parties, qui ſont l'Arabie Petrée, l'Arabie deſerte, & l'Arabie heureuſe.

D. *Qu'eſt-ce que l'Arabie Petrée?*

R. Elle eſt ainſi nommée de la Ville de Petra, autrefois ſa Capitale, & qui ſe nomme aujourd'hui Montreal; ſes autres Villes ſont Tor, Madian, Medine Capitale d'un Cherif, la Mecque grande Ville Capitale d'un autre Cherif.

D. *Qu'eſt-ce que l'Arabie Deſerte?*

R. L'Arabie deſerte eſt ainſi appellée de ſes vaſtes ſolitudes, que la ſechereſſe des ſables brulans rend inhabitable. Ses principales

Villes ſont Anah ſur l'Euphrate ; Taulangia & Tangia.

D. *Que comprend l'Arabie Heureuſe ?*

R. Elle comprend pluſieurs petits pays, ſçavoir, les Royaumes d'Aden ou de Mocha, & du grand Jaman, avec les Etats des Emirs de Vodana, de Maſcalat, de Labſa, & del Catif, qui tous ont pour Capitales des Villes de même nom.

D. *Quelle eſt la diviſion de la Perſe ?*

R. La Perſe eſt un Royaume hereditaire, d'une aſſez grande étenduë, ayant 500. lieuës du couchant au levant, & 370. du nord au ſud, qui ſe diviſe communément en 12. Provinces.

D. *Quelles ſont les Provinces de la Perſe ?*

R. Il y en a douze, ſçavoir, ſept au couchant & cinq au levant. Les premieres ſont l'Iram ou Armenie, l'Adirbeitzan, le Kilan, l'Irack-Agem, le Chusistan, le Farsistan & le Masandran; les cinq autres sont le Chorasan, le Kirman, le Sablustan, le Candahar & le Sitgistan.

D. *Qui sont les principales Villes de la Perse?*

R. Ces Villes sont Erivan, Tauris, Derbent, Ispahan grande Ville très commerçante & la Capitale de toute la Perse, Sus, Schiras, Kirman, Bander-Abassi, avec la Ville & Isle d'Ormus, & Candahar.

XL. LEÇON.

DU MOGOL, OU INDOSTAN.

Demande. *Comment divisez-vous l'Empire du Mogol?*

Reponse. L'Empire du Mogol, autrement nommé l'Indostan, l'un des plus grands & des plus riches de l'Asie, se divisoit autrefois en 37. Royaumes, & se divise aujourd'hui en 19. Gouvernemens, dont dix sont au nord, & neuf au midi.

D. *Quels Gouvernemens sont au nord du Mogol?*

R. Ce sont ceux de Cabul, de Lahor, de Cachemire, de Haoud, de Varada vers les sources du Gange, de Patna, de Multan, de Delli, d'Agra & d'Elabass.

D. *Quels Gouvernemens sont au midi du Mogol?*

R. Ce sont ceux de Tatta, d'Asmere, de Malova, de Guzarate, Aurengabad, de Candisch, de Boganola, de Jagannat ou Bengale, & de Talengand.

D. *Quelles sont les Villes principales du Mogol?*

R. Ces Villes sont Cabul, Lahor & Cachemire Capitales de leurs Gouvernemens, Delli Capitale de tout le Royaume, Elabaſſ, Tatta & Aſmere dans les Gouvernemens de leurs noms, Cambaye & Surate Villes très commerçantes dans le Guzarate. Ougeli très marchande & Bengale, quoique quelques Auteurs doutent s'il y a une Ville de ce nom.

D. *Comment ſe diviſe l'Inde ?*

R. En Inde au-deça du Gange, & en Inde au-delà du Gange; & la premiere ſe diviſe en cinq parties, qui ſont les Royaumes de Viſapour, de Golconde, de Biſnagar, avec les Côtes de Malabar & de Coromandel.

D. *Quelles en ſont les Villes principales ?*

R. Viſapour grande & peuplée, Goa qui appartient aux Portugais, Golconde Capitale d'un Royaume, & Maſulipatan très commerçante; Biſnagar au Roy de ce nom. Paliacate aux Hollandois; Ponticheri ſur les Côtes de Coromandel eſt à la France.

D. *Que comprenez-vous dans l'Inde au-delà du Gange ?*

R. Cette partie de l'Inde ſe diviſe en pluſieurs Royaumes, ſçavoir, ceux d'Aſem, d'Ava, de Pegu, & d'Aracan, de Siam tributaire de la Chine, de Camboia, de Tunquin, de Laos, & de la Cochinchine.

D. *Quelles ſont les Villes principales de ces Royaumes ?*

R. Ces Villes ſont Azo, Ava, Aracan, Pegu, Siam, Camboya, Kecho, & Sinoè, avec Malacca dans une preſqu'Iſle de ce nom qui appartient aux Hollandois.

XLI. LEÇON.
DE LA CHINE.

Demande. *QU'eſt-ce que l'Empire de la Chine ?*

Reponſe. Cet Empire, l'un des plus grands & des mieux policez de toute l'Asie, se divise en terre ferme, en Isles, & en Presqu'Isle de Corée.

D. *Comment divisez-vous la terre ferme de la Chine ?*

R. Elle se divise en seize Provinces, dont huit sont au nord, & huit au sud de la riviere de Kian, qui partage la Chine en deux parties presque égales.

D. *Quelles sont les Provinces du nord de la Chine ?*

R. Ces Provinces sont le Chensi, le Chamsi, & le Pekeli, qui sont bornées par la grande muraille de la Chine, le Leaotung entre le Pekeli & la Corée, avec Chanton, Souchoen, Honan & Nankin.

D. *Quelles sont les Provinces du sud de la Chine ?*

R. Ce sont les Provinces de Houcham, Kiansi, Chekian, Younan, Queicheou, Quansi, Canton, & Fokien.

D. *Quelles ſont les Villes principales de ces ſeize Provinces ?*

R. Comme l'Empire de la Chine eſt le plus peuplé de l'Univers, c'eſt auſſi celui où il y a plus de Villes. On en compte 155. du premier ordre, & plus de 1300. du ſecond ordre, ſans y comprendre une infinité de Bourgs & de Villages.

D. *Marquez-nous du moins les Capitales des Provinces ?*

R. Sigan eſt la Capitale du Chenſi, Taiyven du Chamſi, Pekin du Pekeli auſſi bien que de tout l'Empire, Chinyan du Leaotung, Cinan l'eſt de la Province de Chanton, Chingtu du Souchoen, Caifou du Honan, & Nankin la plus grande Ville du monde l'eſt de la Province de ſon nom.

D. *Quelles ſont les Villes des huit autres Provinces ?*

R. Ce ſont Vuchan, Nanchan, Angcheu, Yunnan, Queiyang,

Queilin, Canton Ville maritime, grande & commerçante, & Focheu.

D. *Qui ſont les Iſles de la Chine?*

R. Les plus conſiderables ſont l'Iſle d'Hainan & l'Iſle Formoſe; la premiere au ſud de la Province de Canton, eſt très fertile, & l'autre du côté de la Province de Fokien eſt très riche & très abondante.

D. *Qu'eſt-ce que la preſqu'Iſle de Corée?*

R C'eſt un Royaume aſſez grand & aſſez conſiderable, tributaire de la Chine, & qui a pour Capitale Pingan.

XLII. LEÇON.

Des Iſles de l'Aſie.

Demande. *MArquez-nous quelles ſont les Iſles de l'Aſie?*

Reponſe. Elles ſont ou dans la

Mediterranée ou dans le grand Ocean. Les plus considerables de celles de la Mediterranée sont en grand nombre, qui toutes appartiennent au Turc.

D. *Quelles sont les principales Isles de la Mediterranée?*

R. L'Isle de Cypre la plus grande & la plus considerable, a pour Capitale Nicosie, Rhodes qui a sa Capitale de même nom, Palmosa autrefois Pathmos, Schio & Metelin, nommée autrefois Lesbos.

D. *Qui sont les Isles de l'Asie situées dans le grand Ocean.*

R. Il s'en trouve un très grand nombre; mais les plus considerales en allant de l'ouest à l'est sont les Maldives que quelques Auteurs font monter jusques à onze ou douze mille, avec l'Isle de Ceylan extremement riche & fertile.

D. *Continuez à nous marquer ces Isles?*

R. Outre quelques Isles peu conſiderables dans le Golfe de Bengale, on trouve celles de la Sonde, où eſt Sumatra l'une des plus conſiderables de l'Aſie, qui a plus de 600. lieuës de circuit, où les Hollandois ont fait bâtir pluſieurs Fortereſſes, eſt poſſedée par pluſieurs petits Rois.

D. *Quelles ſont les autres Iſles de la Sonde?*

R. Outre Banca, on trouve encore celles de Java & de Borneo. C'eſt dans celle de Java que ſont Bantam & Batavia qui appartiennent aux Hollandois. C'eſt dans cette derniere Ville que la Compagnie d'Hollande a établi le centre de ſon Commerce. Borneo eſt une autre Iſle fort grande & aſſez riche.

D. *Qui ſont les autres Iſles de l'Aſie?*

R. Ce ſont les Moluques, les Philippines ou Manilles, les nouvelles Philippines & les Iſles Marianes ou des Larrons. Les Hollandois tirent beaucoup d'Epiceries des premieres. Les autres Isles appartiennent aux Espagnols, qui par le moyen de ces Isles font le commerce de la Chine.

D. *Les Isles du Japon ne sont-elles pas aussi parmi celles de l'Asie?*

R. Les Isles du Japon sont très considérables, & par leurs richesses, & par leur commerce: celle de Niphon qui est la plus grande, a pour Capitale Yedo qui l'est de tout le Japon. Meaco Ville riche & commerçante, l'étoit autrefois, Ximo & Cikoko sont deux autres Isles du Japon avec quelques unes plus petites.

On doit faire à la fin de la semaine la repetition des six dernieres Leçons.

XLIII. LEÇON.

DE L'AFRIQUE.

Demande. *EXpliquez maintenant l'Afrique.*

Reponse. L'Afrique est une des plus grandes parties du monde, bornée de tous côtés par la mer, soit Mediterranée au nord, soit par l'Ocean, excepté par l'Isthme de Suez qui la joint à l'Asie.

D. *Comment divisez-vous l'Afrique?*

R. L'Afrique se divise en seize grandes parties, qui se partagent encore en plusieurs autres. Dix de ces parties sont au-deça & six au-delà de l'Equateur.

D. *Qui sont les parties au-deça de l'Equateur?*

R. Ce sont l'Egypte, la Barbarie, le Biledulgerid, le Saara ou Desert, la Nigritie, la Guinée, l'Ethiopie, la Nubie, la Côte d'Abex & la Côte d'Ajan. Les Parties qui sont au delà de l'Equateur sont le Congo, la Cafrerie, le Monomotapa, le Monoemugi, le Zanguebar & les Isles.

D. *Expliquez ces parties dans leur ordre?*

R. L'Egypte autrefois ſi celebre ; poſſedée aujourd'hui par le Turc, ſe diviſe en haute, en moyenne, & en baſſe Egypte, arroſées toutes par le Nil qui la coupe du nord au ſud. Les Villes principales ſont Saïd pour la haute Egypte, le Caire pour la moyenne, & Alexandrie & Manſoura pour la baſſe.

D. *Que comprenez-vous ſous la Barbarie?*

R. On comprend ſous la Barbarie toute la Côte d'Afrique qui s'étend depuis l'Egypte juſques au Detroit de Gibraltar, & depuis le Detroit juſqu'à l'extremité du Royaume de Maroc ſur le grand Ocean.

D. *Qui ſont les Royaumes que contient cette partie?*

R. En allant d'Orient en Occident, ce ſont ceux de Barca, de Tripoli, de Tunis, d'Alger, de Fez & de Maroc, qui portent tous les noms de leurs Villes Capitales.

L'Espagne cependant y possede quelques Places, entre autres Ceuta & Oran.

D. *Que contient le Biledulgerid?*

R. Le Biledulgerid separé de la Barbarie par une longue chaîne de montagnes, contient en allant d'Occident en Orient le Tesset, le Darha, le Tafilet, le Segelmesse, le Tegorarin, le Zeb, le Techort, le Biledulgerid, & le Desert de Barca.

D. *Que comprend le Saara ou Desert?*

R. Il comprend le Gaoga, le Borno, le Berdoa, le Lempta, le Targa, le Zuentziga & le Zanhaga, tous Pays peu connus, & qui n'ont aucunes Villes considerables.

D. *Qu'entendez vous par la Nigritie?*

R. La Nigritie ou Pays des Negres est assez étenduë, & se divise en plusieurs petits Etats ou Royaumes dont les Villes principales sont Tombut, Genehoa, Mandinga & quelques autres. Cette partie est arrosée du Fleuve Niger, qui avant que de tomber dans l'Ocean se partage en deux branches, dont la plus septentrionale se nomme Senega.

XLIV. Leçon.

Suite de l'Afrique.

Demande. *Quelles sont les autres parties de l'Afrique?*

Reponse. La Guinée qui s'étend le long de la Côte de la mer. Il s'y fait un assez grand commerce d'or & de dents d'Elephans. Les François, les Anglois, les Danois, & les Hollandois y ont quelques Forts & habitations.

D *Divisez l'Ethiopie?*

R. L'Ethiopie qui est peu connuë, contient principalement l'Abissinie, & les Royaumes des Galles,

les, de Dancal & de Tigré, dont les Villes ſont Ambamarjan Capitale, Chaxumo, & Baylur.

D. *Marquez les autres Etats de l'Afrique au-deça de l'Equateur.*

R. La Nubie qui eſt une de ces parties n'eſt pas connuë ; la Côte d'Abex & celle d'Ajan le ſont un peu plus, & ont pour Villes principales Suaquem au Turc, Brava, Magadoxo & Bandel.

D. *Expliquez maintenant les parties de l'Afrique qui ſont au-delà de l'Equateur ;*

R. Le Congo qui eſt le long de la mer eſt diviſé en pluſieurs petits Etats ou Royaumes. Il s'y fait un aſſez grand commerce de Negres. Les Portugais & les Hollandois y ont quelques habitations.

D. *Qu'entendez-vous par la Cafrerie?*

R. La Cafrerie ou le Pays des Cafres eſt un pays ſur la mer, habité par les peuples les plus barbares & les plus ſtupides de l'Afrique. Les endroits les plus conſiderables ſont le Cap de Bonne Eſperance aux Hollandois, & Sofala qui appartient aux Portugais.

D. *Qu'eſt-ce que le Monomotapa?*

R. Ce pays preſque entouré par la Cafrerie, a le titre d'Empire, & ſe diviſe ſelon quelques-uns en ſix, & ſelon quelques autres en 25. Royaumes, dont la Capitale eſt Monomotapa.

D. *Quels ſont les autres Etats de cette partie de l'Afrique?*

R. Le Monoemugi dans l'interieur de l'Afrique eſt très peu connu, & a pour Capitale Chicova, la Côte de Zanguebar ou de Moſambique ſur la mer eſt plus connuë. On y trouve les Villes de Melinde, de Monbaſe, de Quiloa, & de Moſambique.

D. *Quelles ſont les Iſles de l'Afrique?*

R. Ces Isles sont ou dans l'Ocean atlantique au couchant de l'Afrique, ou dans l'Ocean Ethiopique. Les premieres sont les Isles Canaries & celles du Cap Vert.

D. *Qui sont les plus considerables de ces Isles ?*

R. Ce sont la grande Canarie, le Tenerife où est le Pic de Teyde, sur lequel les Hollandois font passer leur premier méridien, l'Isle de Fer où les François font passer le leur. Au nord de ces Isles est celle de Madere assez fertile, & au sud sont les Isles du Cap Vert, dont il n'y en a que dix de considerables.

D. *Qui sont les Isles de l'Ocean Ethiopique ?*

R. Ces Isles sont celle de Zocotora, de l'Amirante & quelques autres, qui n'en sont pas éloignées, mais il y en a deux plus considerables, sçavoir celle de Madagascar d'environ 800. lieuës de tour occupée & depuis abandonnée par les François. Celle de

Bourbon qui n'en eſt pas éloignée eſt à preſent un des meilleurs Etabliſſemens de notre Compagnie des Indes.

XLV. LEÇON.

DE L'AMERIQUE.

Demande. *QU'eſt-ce que l'Amerique?*

Reponſe. L'Amerique eſt le plus grand Continent du monde, & ſe nomme auſſi le nouveau Monde ou les Indes occidentales: il ſe diviſe en Amerique ſeptentrionale, en méridionale, & en Iſles.

D. *Diviſez l'Amerique ſeptentrionale.*

R. Cette partie du nouveau Monde ſe diviſe en vieux Mexique ou nouvelle Eſpagne; en nouveau Mexique ou nouvelle Grenade; en Canada ou nouvelle France; en nouvelle Bretagne, nouvelle Angleterre, & Floride.

D. *Faites la diviſion de ces parties.*

R. Le vieux Mexique ſe diviſe en trois audiances, ſçavoir, celle de Mexique dont la Capitale eſt Mexico, la plus grande & la plus belle Ville de l'Amerique ; l'audiance de Guadalajara & de Guatimala avec des Villes Capitales du même nom.

D. *Que contient le nouveau Mexique?*

R. Le nouveau Mexique qui eſt peu connu, ſe diviſe en pluſieurs Provinces particulieres, habitées la plûpart par les naturels du pays. La Ville Capitale eſt Santa Fè de Granada.

D. *Qu'entendez-vous par la nouvelle France?*

R. C'eſt une grande étenduë de pays qui ſe trouve aux environs du Fleuve S. Laurent, & qui ſe diviſe en partie orientale & en partie occidentale, nommée auſſi Miciſſipi ou Loüiſiane.

D. *Que comprend la partie orientale de la nouvelle France?*

R. Outre le Canada propre; cette partie comprend differens peuples, dont les principaux ſont les Eſquimaux, les Chriſtinaux, les Hurons, les Algonquins, les Etechemins & les Iroquois. Les Villes principales ſont Quebec Capitale, Tadouſſac & Montreal.

D. *Qu'eſt-ce que la partie occidentale de la nouvelle France?*

R. C'eſt une grande étenduë de pays au couchant du Fleuve Saint Laurent découverte en 1679. & autres années ſuivantes. Elle eſt arroſée par le Fleuve du Miciſſipi, & a été nommée Loüiſiane du nom de Loüis XIV. Sa principale habitation eſt le Fort d'Orleans.

D. *Marquez ce que c'eſt que la nouvelle Bretagne.*

R. La nouvelle Bretagne qui eſt au nord de la nouvelle France, eſt un pays inculte, occupé par les Anglois, qui y font un grand commerce de peaux de Caſtors & d'Orignacs.

D. *Les Anglois ne possedent-ils pas d'autres Domaines en Amerique?*

R. Au midi de la nouvelle France ils y possedent encore la nouvelle Angleterre, qui contient la Caroline, la Virginie, Mary-land, Pensylvanie, nouvelle Yorck, nouvelle Angleterre & Acadie, ou nouvelle Ecosse.

D *A qui appartient la Floride?*

R. Cette Province qui est assez grande, mais peu connuë, appartient aux Espagnols, & a pour Villes S. Augustin & S. Matthieu.

XLVI. LEÇON.

Suite de l'Amerique.

Demande. *QUelles sont les parties de l'Amerique méridionale?*

Reponse. L'Amerique méridionale contient sept grandes parties, sçavoir, la terre ferme, le Perou, la Province des Amazones, le Brezil, Province de Rio de la Plata ou Paraguay, le Chili, & la Terre Magellanique.

D. *Donnez la division de toutes ces parties.*

R. La Terre ferme se divise en six parties, qui sont l'Audiance de Panama, l'Audiance de Santa Fè, l'Audiance de S. Domingue, le Pays de Paria, la Guyanne & la Caribanne. Les Villes principales sont Panama, Portobelo, Santa Fè de Bagota, Carthagene, l'Asacha, Surinam aux Hollandois.

D. *Expliquez maintenant le Perou.*

R. Le Perou la plus riche Province de l'Amerique, le long de la mer du Sud, se divise en trois Audiances, sçavoir, celles de Lima, de Quito & de la Plata. Ses Villes principales sont Lima Capitale de tout le Perou, Quito, Popayan, la Plata & Potosi.

D.

D. *Qu'entendez-vous par la Province des Amazones?*

R. Cette Province extremement grande, n'est pas encore fort connuë, & contient plus de 150. Nations differentes de Sauvages, & se trouve arrosée par la riviere des Amazones, la plus grande de l'Univers.

D. *Qu'est-ce que le Bresil?*

R. Le Bresil est un pays extremement étendu au levant de l'Amerique, entre l'Equateur & le Tropique du Capricorne. Il est possedé par le Roy de Portugal qui en tire de grandes richesses, & qui y fait faire continuellement des découvertes.

D. *Comment divise-t'on le Bresil?*

R. Il se partage en quatorze Capitaineries qui sont toutes le long des Côtes, dont les Villes principales sont San Salvador dans la Baye de tous les Saints, & la Capitale du Bresil, Olinde ou Pernambuco, Para, Maragnan & S. Vincent.

D. *Marquez ce que c'est que la Province de Rio de la Plata.*

R. Cette partie qui paroît plus étenduë que le Bresil, se nomme aussi le Paraguay. Quoique peu connuë, elle se divise en six Provinces, sçavoir, la Plata, le Chaco, l'Uraguay, le Paria, le Guaiva, & le Paraguay, dont les Villes principales sont Buenos-Ayres, San Salvador, l'Assomption de la Plata, & l'Assomption d'Uraguay.

D. *Qu'est-ce que le Chili ?*

R. Le Chili qui s'étend le long de la mer du sud au-delà du Tropique du Capricorne, se divise en trois Provinces, sçavoir, de Chili, d'Imperiale, & de Chiquito, où l'on trouve pour Villes principales San-Jago de Chili, Imperiale, Angol & Osorno.

D. *Où sont les Terres Magellaniques ?*

R. Ces Terres qui ſont à l'extremité de l'Amerique méridionale, ne ſont connuës que le long des Côtes, & ſont ingrates & ſteriles. La principale habitation des Eſpagnols eſt Deſaguadero.

XLVII. LEÇON.

Iſles de l'Amerique.

Demande. *Quelles ſont les Iſles de l'Amerique?*

Reponſe. Ces Iſles qui ſont en très grand nombre ſe trouvent preſque toutes dans l'Amerique ſeptentrionale. Celles de la mer du ſud ſont la Californie & quelques autres, mais qui ſont peu connuës & peu habitées.

D. *Qui ſont les Iſles de l'Amerique dans la mer du nord?*

R. Ces Iſles ſont les Açores aux Portugais, les Bermudes, Terre neuve, Anticoſti, Cap Breton & Saint Jean près du Canada. Le grand Banc de Terre neuve n'eſt pas loin de l'Isle du même nom : & c'est là que se fait la plus grande pêche de la moruë.

D. *Quelles sont les autres Isles de l'Amerique septentrionale ?*

R. Ce sont les grandes & les petites Antilles ; au rang des premieres sont principalement Cuba, S. Domingue, Porto Ricco & la Jamaïque. La premiere & la troisiéme sont aux Espagnols, la seconde est partagée entre les François & les Espagnols, & la quatriéme est aux Anglois.

D. *Marquez quelque chose de particulier sur l'Isle de Cuba.*

R. L'Isle de Cuba, très riche & très fertile, se divise en plusieurs Provinces, dont la Capitale est la Havana ou S. Christophe, port celebre, où abordent les flottes Espagnoles qui vont du Mexique en Espagne.

D. *Que l'Isle de S. Domingue a-t'elle de particulier ?*

R. Cette Isle nommée aussi Hispaniola, se divise en partie orientale & en partie occidentale. La premiere est occupée par les Espagnols, & l'autre par les François, où ils travaillent beaucoup de sucre. S. Domingue Capitale, est aux Espagnols, & le Gouverneur pour la France reside au petit Goave.

D. *Expliquez ce qui regarde les Isles Lucayes.*

R. Ces Isles au nord de celle de Cuba sont en assez grand nombre. Les plus distinguées sont celles de Lucayoneque, de Ciguateo, de Cotoniero, de Guanahani & quelques autres moins considerables.

D. *Qu'entendez-vous par les Isles de Barlovento?*

R. Ces Isles nommées aussi les Caribes, sont possedées par diverses Nations Européennes. Les François tiennent la Martinique, la Guadeloupe, partie de S. Martin, la Desirade, Mari-Galante,

Grenade & quelques autres. Les Anglois ont les Barbades, Tabago, S. Christophe & quelques autres. Les Espagnols sont maîtres de la Trenidad.

D. *Qui sont les Isles de Sottavento ?*

R. Ces Isles moins considerables que les Isles de Barlovento, sont presque toutes desertes. Quelques-unes sont habitées par les Espagnols : mais les Hollandois y possedent Curaçao, Bonayre, & Oruba, par le moyen desquelles ils font un grand commerce avec les Espagnols des Indes occidentales.

D. *Quelles sont les Isles de l'Amerique méridionale ?*

R. Il y en a beaucoup moins que dans l'Amerique septentrionale; les principales sont Castro ou Chiloé, à l'extremité du Chili, & les Isles Magellaniques qui sont très peu connuës.

XLVIII. LEÇON.

Terres Arctiques & Antarctiques.

Demande. *QU'appellez-vous les Terres Arctiques ?*

Reponse. Ce sont les Terres qui sont sous le Pole septentrional du Globe terrestre, entre le 72. & le 90. degré de latitude septentrionale Ces Terres, qui pour la plûpart sont inconnuës, sont le Spitzberg, le Groenland, la nouvelle Zemble, & la Terre de la Compagnie.

D. *Marquez ce que l'on connoît de ces Pays.*

R. Le Spirtzberg au nord du Norwege est extremement froid, & l'on y pêche quelques Baleines; le Groenland Pays extremement froid, & l'on ignore si c'est une Isle ou un Continent; la nouvelle Zemble n'est séparée de l'Europe que par le Detroit de Waygatz. La Terre de la Compagnie est bien plus proche de l'Asie, & n'est, dit-on, connuë que sur les Côtes.

D. *Qui sont les Terres Antarctiques?*

R. Les Terres Antarctiques ou Terres Australes inconnuës sont bien plus étenduës que les Terres Arctiques, & ne sont pas encore toutes découvertes, si ce n'est sur les Côtes de la mer.

D. *Marquez-nous ce que l'on connoît de ces Terres Antarctiques.*

R. Ce sont la nouvelle Guinée découverte l'an 1527. dont l'on a reconnu seulement quelques rivieres & quelques caps : & l'on sçait que les terres y sont assez fertiles. La Terre des Papous ou tient à la nouvelle Guinée, ou n'en est pas éloignée ; la Carpentarie entre la nouvelle Guinée & la nouvelle Hollande.

D. *Continuez à marquer ces Terres.*

R Les Isles de Salomon sont, à

ce qu'on croit, à l'orient de la nouvelle Guinée, dont celle qui eſt nommée Iſabelle, eſt la plus grande, la Terre auſtrale du Saint-Eſprit que l'on croit fabuleuſe : la nouvelle Zelande dans laquelle on n'a pas penetré. Les Iſles de Horn, de Cocos, des Traîtres, & des Chiens, ſont peu conſiderables.

D. *Quelles ſont les autres Terres ?*

R. Nous avons déja parlé de la Terre de feu ou Iſles Magellaniques. La Terre des Etats a été un peu mieux reconnuë. La Terre auſtrale propre a été découverte pluſieurs fois, mais ſeulement ſur les Côtes, de même que la nouvelle Hollande & quelques autres qui ont été vûës, mais où l'on n'a point penetré.

On doit faire la repetition de la derniere ſemaine : & ſi l'on veut, paſſer encore une ſemaine à faire repaſſer les endroits les plus neceſſaires de la Geographie.

APPROBATION.

J'AY lû par l'Ordre de Monseigneur le Garde des Sceaux, cette *Methode pour étudier la Geographie*, & je renouvelle d'autant plus volontiers l'Approbation que j'y ai déja donnée cy-devant, que l'Auteur la remet au jour augmentée d'un très grand nombre d'Observations instructives. Fait à Paris ce 24. Septembre 1735. l'Abbé RAGUET.

PRIVILEGE DU ROY.

LOUIS PAR LA GRACE DE DIEU, ROY DE FRANCE ET DE NAVARRE: A nos amez & feaux Conseillers les Gens tenans nos Cours de Parlement, Maitres des Requêtes ordinaires de notre Hotel, Grand Conseil, Prevôt d[illegible]is, Baillifs, Sénéchaux, leurs Lieutenans [illegible] & autres nos Justiciers qu'il appartiendra, SALUT. Notre bien amé HIPPOLYTTE-LOUIS GUERIN Libraire à Paris, Nous ayant fait remontrer qu'il souhaiteroit faire imprimer & donner au Public une *Methode pour étudier la Geographie, dans laquelle on donne une Description exacte de l'Univers, avec des Cartes Geographiques, des Relations & Voyages.*, par le Sieur Abbé LENGLET, s'il Nous plaisoit lui accorder nos Lettres de Privilege sur ce necessaires, offrant pour cet effet de faire imprimer ledit Ouvrage en bon papier & beaux caracteres, suivant la feüille imprimée & attachée pour modele sous le contrescel des Presentes. A ces causes, voulant favorablement traiter ledit Exposant, Nous lui avons permis & permettons par ces Presentes de faire imprimer ledit Ouvrage cy-dessus specifié, en un ou plusieurs Volumes, conjointement ou separément, & autant de fois que bon lui semblera, sur papier & caracteres conforme à ladite feüille imprimée & attachée sous notredit contrescel, & de le vendre, faire vendre & débiter par tout notre Royaume pendant le temps de six années consécutives, à compter du jour de la datte desdites Presentes. Faisons défenses à toutes sortes de personnes, de quelque qualité & condition qu'elles soient, d'en introduire d'impression étrangere dans aucun lieu de notre obéissance; comme aussi à tous Libraires Imprimeurs & autres, d'imprimer, faire imprimer, vendre, faire vendre, débiter ni contrefaire ledit Ouvrage cy-dessus exposé en tout ni en partie, ni d'en faire aucuns Extraits sous quelque prétexte que ce soit d'augmentation, correction, changement de titre ou autrement, sans la permission expresse & par écrit dudit Exposant ou de ceux qui auront dro[illegible]ui, à peine de confiscation des Exemplai[illegible]ntrefaits, de trois mille livres d'amende contre chacun des contrevenans, dont un tiers à Nous, un tiers à l'Hôtel-Dieu de Paris, l'autre tiers audit Exposant, & de tous dépens, dommages & interests; à la charge que ces Presentes seront enregistrées tout au long sur le Registre de la Communauté des Libraires & Imprimeurs de Paris dans trois mois de la datte d'icelles; que l'impression de cet Ouvrage sera faite dans notre Royaume & non ailleurs, & que l'Impetrant se conformera en tout aux Reglemens de la Librairie, & notamment à celui du dixiéme Avril 1725. & qu'avant que de l'exposer en vente, le Manuscrit ou imprimé qui aura servi de copie à l'impression dudit Ouvrage sera remis dans le même état où l'Approbation y aura été donnée, ès mains de notre très cher & feal Chevalier Garde des Sceaux de France le sieur Chauvelin, & qu'il en sera ensuite remis deux Exemplaires dans notre Bibliotheque publique, un dans celle de notre Château du Louvre, & un dans celle de notredit très cher & feal Chevalier Garde des Sceaux de France le sieur Chauvelin; le tout à peine de nullité des Presentes: Du contenu desquelles vous mandons & enjoignons de faire joüir l'Exposant ou ses ayans cause pleinement & paisiblement, sans souffrir qu'il leur soit fait aucun trouble ou empéchement. Voulons que la copie desdites Presentes qui sera imprimée tout au long au commencement ou à la fin dudit Ouvrage soit tenue pour dûement signifiée, & qu'aux copies collationnées par l'un de nos amez & feaux Conseillers & Secretaires foy soit ajoutée comme à l'original. Commandons au premier notre Huissier ou Sergent de faire pour l'execution d'icelles tous Actes requis & necessaires, sans demander autre permission, & nonobstant clameur de Haro, Chartre Normande & Lettres à ce contraires; Car tel est notre plaisir. DONNE' à Versailles le deuxiéme jour du mois de Décembre, l'an de grace mil sept cent trente-cinq, & de notre Regne le vingt-uniéme. Par le Roy en son Conseil, SAINSON.

J'ai cedé à Messieurs Rollin fils & De Bure l'aîné fils le present Privilege, suivant l'accord fait entre nous. A Paris ce six Decembre 1735.

H. L. GUERIN.

Registré sur le Registre IX. *ensemble la Cession sur ledit Registre de la Chambre Royale des Libraires & Imprimeurs de Paris* N°. 209. *fol.* 192. *conformément aux anciens Reglemens confirmez par celui du* 28. *Février* 1723. *A Paris le* 6. *Decembre* 1735. *Signé* G. MARTIN, *Syndic.*

www.ingramcontent.com/pod-product-compliance
Ingram Content Group UK Ltd.
Pitfield, Milton Keynes, MK11 3LW, UK
UKHW021148260726
13994UKWH00001B/345

9 782329 453446